A tradução literária

Outros títulos da coleção Filosofia, Literatura & Artes já publicados

A atualidade do pensamento de Walter Benjamin e Theodor W. Adorno, de Márcio Seligmann-Silva, 2009

Ficção brasileira contemporânea, de Karl Erik Schollammer, 2009

Canção popular no Brasil, de Santuza Cambraia Naves, 2010

Corpo em evidência, de Francisco Ortega e Rafaela Zorzanelli, 2010

Nietzsche, vida como obra de arte, de Rosa Dias, 2011

Clarice Lispector: Uma literatura pensante, de Evando Nascimento, 2012

Poesia e filosofia, de Antonio Cicero, 2012

Paulo Henriques Britto

A tradução literária

Organizador da coleção
Evando Nascimento

6ª edição

Rio de Janeiro
2024

Copyright © Paulo Henriques Britto, 2012

PROJETO GRÁFICO DE MIOLO E CAPA
Regina Ferraz

CIP-BRASIL. CATALOGAÇÃO NA FONTE
SINDICATO NACIONAL DOS EDITORES DE LIVROS, RJ

Britto, Paulo Henriques, 1951-
B878t   A tradução literária / Paulo Henriques Britto. –
6ª ed.   6ª ed. – Rio de Janeiro: Civilização Brasileira, 2024.
(Filosofia, literatura e artes)

ISBN 978-85-200-1143-0

1. Tradução e interpretação. I. Título. II. Série.

                     CDD: 418.02
12-5565   CDU: 81'25

Todos os direitos reservados. Proibida a reprodução, o armazenamento ou a transmissão de partes deste livro, através de quaisquer meios, sem prévia autorização por escrito.

Texto revisado segundo o Acordo Ortográfico da Língua Portuguesa de 1990.

Direitos desta edição adquiridos pela
EDITORA CIVILIZAÇÃO BRASILEIRA
Um selo da
EDITORA JOSÉ OLYMPIO LTDA
Rua Argentina, 171 – 20921-380 – Rio de Janeiro, RJ –
Tel.: (21) 2585-2000

Seja um leitor preferencial Record.
Cadastre-se no site www.record.com.br e receba informações sobre nossos lançamentos e nossas promoções.

Atendimento e venda direta ao leitor:
sac@record.com.br

Impresso no Brasil
2024

Para Santuza, sempre

They say that "Time assuages" —
Time never did assuage —
An actual suffering strengthens
As Sinews do, with age —

Time is a Test of Trouble —
But not a Remedy —
If such it prove, it prove too
There was no Malady —

EMILY DICKINSON

Dizem que "O Tempo consola" —
Mas não — na realidade,
A vera dor, como um Tendão,
Ganha força, com a idade —

O Tempo testa a Tristeza —
Porém não a remedia —
Se cura o Mal, prova apenas
Que Mal deveras não havia —

tradução de
Paulo Henriques Britto

Sumário

Agradecimentos 9

Algumas considerações teóricas 11

A tradução de ficção 59

A tradução de poesia 119

Bibliografia 155

Agradecimentos

Gostaria de agradecer a Evando Nascimento, que me convidou para escrever este livro e fez uma leitura cuidadosa do texto, levantando questões importantes; a Walter Carlos Costa, que me deu várias indicações bibliográficas preciosas; a Santuza Cambraia Naves, que leu, corrigiu e comentou o rascunho; e também aos colegas e alunos do Departamento de Letras da PUC-Rio, onde atuo há mais de trinta anos na área de tradução, pelas incontáveis ideias trocadas e sugestões dadas em tantas aulas, encontros acadêmicos e conversas particulares.

Algumas considerações teóricas

A tradução é uma atividade indispensável em toda e qualquer cultura que esteja em contato com alguma outra cultura que fale um idioma diferente — ou seja, com exceção dos raros bolsões isolados que ainda existem no mundo, na Amazônia ou na Nova Guiné, é uma atividade indispensável em qualquer lugar. Boa parte do material que lemos em nosso dia a dia é traduzido. O operário que utiliza máquinas depende de manuais de instruções dos equipamentos que foram originariamente redigidos em outros idiomas; o médico consulta bulas traduzidas; o padre ou pastor utiliza traduções de textos sagrados. Mesmo as pessoas iletradas dependem indiretamente das traduções, pois os profissionais a que elas recorrem — médicos, advogados, engenheiros — utilizam muitos textos traduzidos.

O tema deste livro é um setor específico do vasto mundo da tradução: a atividade de recriar obras literárias em outros idiomas. A questão será examinada principalmente por um viés prático — em que consiste o trabalho do tradutor literário, que espécie de problemas ele enfrenta e que espécie de soluções pode encontrar. Como os únicos idiomas com que trabalho são o português e o inglês, os exemplos que serão apresentados dizem respeito a essas duas línguas; espero, no entanto, que as considerações que farei também se apliquem a outros pares de línguas. Mas antes de entrar no tema principal, será necessário definir de que modo me situo em relação a algumas questões básicas.

A tradução é uma atividade tão antiga quanto a humanidade; muito antes da invenção da escrita, a comunicação entre grupos humanos que falavam línguas diferentes se dava através de intérpretes. Mas a teorização sobre essa atividade parece ter iniciado apenas no período romano — o que é compreensível, já que os romanos, herdeiros da cultura helênica, muito se empenhavam em traduzir textos do grego para o latim. Atribui-se a Cícero o comentário mais antigo que se conhece a respeito das maneiras de traduzir. Ao longo dos séculos, muito se falou sobre tradução, quase sempre pronunciamentos de caráter normativo: como se deve e como não se deve traduzir. Porém foi apenas a partir da década de 1970 que se constituiu a área de estudos da tradução, como campo do saber autônomo, que hoje em dia ocupa um lugar de destaque no universo das humanidades. Uma apresentação abrangente dessa área de estudos não faz parte do projeto deste livro; assim, vou me limitar a expor de modo bem resumido e simplificado — mas (espero) não simplista — alguns pontos que me parecem mais importantes.

Tradicionalmente, o trabalho de tradução tem pouca visibilidade. De modo geral, os leigos — inclusive as pessoas que leem regularmente, e que leem muitas traduções — não costumam pensar sobre a natureza da tarefa de traduzir uma obra. Assim, quando lhes perguntamos que ideia elas fazem desse ofício, constatamos que a visão de senso comum a respeito da tradução é profundamente equivocada. As pessoas tendem a pensar (i) que traduzir é, na verdade, uma tarefa relativamente fácil; (ii) que o principal problema do tradutor consiste em saber que nomes têm as coisas num idioma estrangeiro; (iii) que este problema se resolve com a consulta de dicionários bilíngues; e (iv) que, com os avanços da informática e o advento da internet, em pouco tempo a tradução será uma atividade inteiramente automatizada, feita sem a intervenção humana. Examinemos essas ideias uma por uma.

Com exceção de (iv), que apesar de equivocada contém ao menos um fundo de verdade, todas as outras ideias não poderiam ser mais enganosas. George Steiner afirma em algum lugar que a tradução é uma das atividades mais complexas de que a mente humana é capaz. Steiner — autor de *After Babel*, uma das obras pioneiras que serviram de ponto de partida para o desenvolvimento do moderno campo dos estudos da tradução — sem dúvida tinha em mente a tradução de obras de literatura, filosofia e campos afins. Sem dúvida, a tradução de certos textos pré-formatados, puramente informativos, é bem menos complexa. Por exemplo, pensemos em manuais de operação de máquinas, em que os verbos aparecem sempre no imperativo ("aperte o botão C", "acione a chave D") e em que o vocabulário é estritamente limitado ("chave", "aberto" e "acionar" ocorrem, mas certamente não "fascínio", "insidiosas" nem "insuflara-os"). A tradução desse tipo de texto pode ser, e de fato está sendo, automatizada — isto é, processada por computadores —, mas mesmo assim não se pode dizer que ela seja feita "sem intervenção humana". Pois os programas altamente complexos que realizam essa tarefa são, é claro, produzidos e operados por seres humanos; e por mais simples que seja um texto técnico, e por mais sofisticado que seja o *software* utilizado para traduzi-lo, toda tradução produzida nessas condições tem que ser cuidadosamente examinada e corrigida por um revisor. É esse o fundo de verdade que há em (iv): de fato, certos tipos de texto técnico serão cada vez mais traduzidos automaticamente; mas trata-se apenas de um fundo de verdade, pois até mesmo a tradução de tais textos é uma tarefa que jamais prescindirá da intervenção de revisores e tradutores.

Voltemos nossa atenção para as ideias (i), (ii) e (iii). No caso dos textos de grande complexidade que são nosso tema, os textos literários, a tradução é, na verdade, ao contrário do que diz (i), uma tarefa dificílima; e, ao contrário do que se afirma em (ii), a maior dificuldade não reside em levantar o "nome" das "coisas" na língua estrangeira. Se as diferenças entre as línguas se resumissem a isso — o chamado "problema da nomenclatura" — traduzir seria muito fácil. A questão é que as diferenças entre as línguas já começam na própria estrutura do idioma, tanto na gramática quanto no léxico; isto é, na maneira de combinar as palavras e no nível do repertório de "coisas" reconhecidas como tais em cada língua. Pois um idioma faz parte de um todo maior, que é o que denominamos de cultura; e as "coisas" reconhecidas por uma cultura não são as mesmas que as outras reconhecem. As diferenças podem se dar das maneiras mais diversas. Vejamos algumas delas, apenas no domínio do vocabulário, e somente no campo dos substantivos, mais fácil de exemplificar.

A delimitação entre conceitos próximos, dentro de um mesmo campo semântico, se faz de modo diferente em línguas diferentes. Assim, tanto o inglês quanto o português têm palavras para designar as diferentes refeições do dia, mas o critério usado para distingui-las não é o mesmo nas duas línguas. Em inglês, *lunch* é uma refeição mais leve, e *dinner*, a mais completa do dia; como nas culturas anglófonas a regra é fazer uma refeição mais leve por volta do meio-dia e uma mais pesada ao final da tarde ou no início da noite, costumamos traduzir *lunch* como "almoço" e *dinner* como "jantar". Mas na verdade o critério básico para denominar as refeições em português não é o peso da refeição, e sim a hora em que ela é feita: por definição, o "almoço" se dá por volta do meio-dia e o "jantar" ao cair da tarde ou à noite. Assim, uma refeição cerimoniosa, com vários pratos, servida às duas da tarde poderá ser designada em inglês por *dinner*, e no entanto teremos de traduzi-la como "almoço". Esse exemplo já mostra de que modo as questões linguísticas estão inextricavelmente ligadas a fatores culturais — no caso, os hábitos alimentares.

Às vezes uma palavra que existe num idioma simplesmente não encontra correspondência em outro, muito embora a realidade a que ambos se referem seja a mesma. Um exemplo é a palavra inglesa *gossamer*. O termo designa aqueles fragmentos quase invisíveis de teias de aranha — fios soltos levados pelo vento — que percebemos por vezes quando caminhamos num bosque ou parque, quando a luz do sol se reflete num deles. Não temos em português nenhuma palavra para nos referirmos a isso, embora as aranhas daqui produzam tais fios tanto quanto as que vivem nos países de língua inglesa. Em inglês, o termo é usado em sentido tanto literal quanto metafórico, para indicar algo delicado e frágil — fala-se, assim, no *gossamer* das ilusões juvenis. Uma expressão como essa não pode ser traduzida senão com muita liberdade.

Vejamos outro exemplo, um pouco mais complexo. Em português, a palavra "cidade" designa qualquer aglomeração humana de certa importância, desde que seja maior que aquilo a que nos referimos por meio de termos como "vila", "vilarejo", "aldeia" ou outros semelhantes. Pois bem, simplesmente não existe na língua inglesa uma palavra que tenha o sentido de "cidade". O inglês dispõe de toda uma série de termos, desde *hamlet*, que se refere a uma povoação muito pequena, passando por *village*, que corresponde à nossa "vila" ou "aldeia", por *town*, que designa uma cidade não muito grande em meio rural, até chegar a *city*, uma cidade de certo porte que constitui aquilo que entendemos como um meio urbano. Mas não há no idioma um termo genérico como "cidade", que possa ser usado para se referir tanto a Arraial do Cabo (26 mil habitantes) quanto a São Paulo (11 milhões de habitantes). Por outro lado, não há no português uma palavra com o sentido exato de *city*: um centro populacional urbano, diferenciado do meio rural. Uma vez, traduzindo um romance, esbarrei na expressão *small city* — termo com que o autor se referia a uma aglomeração urbana com tudo aquilo que caracteriza uma cidade propriamente dita, com muitos carros particulares, ônibus, um centro comercial com edifícios de escritórios, bairros residenciais etc., porém sem chegar a ser um grande centro, com intensa vida cultural metropolitana — e constatei que não havia uma maneira fácil de traduzi-la. Em português, "cidade pequena" traria à mente a imagem de uma "cidadezinha" em meio rural, isto é, uma *town*; "cidade grande", é claro, denotaria uma metrópole. A melhor solução talvez fosse "cidade de médio porte", mas não ficaria tão claro quanto no original que se trata de um aglomerado urbano, uma *city*, mas de proporções acanhadas, sem a vitalidade de uma grande cidade.

Um terceiro caso é aquele em que uma palavra de um idioma designa algo a que nada corresponde no outro idioma porque a "coisa" a que ela se refere — seja um objeto concreto ou uma entidade abstrata — inexiste na cultura desse outro idioma. Nos países de língua inglesa, é costume construir-se, nas cidades praieiras, um longo passeio de madeira elevado separando o asfalto da rua da faixa de areia, principalmente quando a praia fica num plano mais baixo que o da rua. O nome desse passeio de madeira é *boardwalk*; nas culturas anglófonas, a palavra *boardwalk* e a coisa que ela designa constituem uma parte importante da imagem da praia, da própria experiência de ir à praia. O termo aparece numa canção dos anos 1960 que se tornou um clássico, "Under the boardwalk": o espaço mais escuro embaixo do *boardwalk*, como a letra da canção deixa claro, é um lugar adequado para se namorar. A palavra também faz parte do nome de um recente seriado de televisão que tematiza o controle da máfia sobre o jogo organizado numa cidade praieira do nordeste dos EUA, Atlantic City: *Boardwalk empire*. Nas praias brasileiras, porém, mesmo naquelas em que a faixa de areia fica alguns metros abaixo da pista da rua, não se constroem tais passeios de madeira; o mais comum é fazer-se uma escada para que as pessoas desçam do nível da rua para o da areia. Assim, a palavra *boardwalk* é, literalmente, intraduzível; pode-se, no máximo, explicar o que ela quer dizer: "passeio de madeira construído entre a rua e a faixa de areia ao longo de uma praia". Os títulos da canção e do seriado mencionados acima, portanto, são, a rigor, intraduzíveis.

Mas casos de intraduzibilidade não se dão apenas quando falta na cultura um determinado objeto material, como um *boardwalk*: o problema é mais complexo ainda quando a "coisa" que a palavra designa não é algo concreto. Imagine o leitor que está sentado à mesa de um bar, com um grupo de brasileiros, acompanhado de um estrangeiro que tenha um conhecimento limitado do português; um dos brasileiros começa a criticar um indivíduo que está ausente, e diz em relação a ele: "O Fulano não usa desconfiômetro." Como você traduziria para o estrangeiro o sentido dessa palavra? Bastam alguns instantes de reflexão para concluir que isso é literalmente impossível. Você teria duas alternativas. Uma delas seria traduzir o sentido geral da frase como um todo, e dizer que Fulano é uma pessoa inconveniente, ou que fala demais, ou que não tem senso de ridículo. Mas se o estrangeiro insistisse em saber exatamente o sentido da palavra "desconfiômetro", só lhe restaria dar uma longa explicação, a respeito do pressuposto jocoso — que talvez causasse certa perplexidade ao estrangeiro — da existência de um aparelho de bolso que avisasse seu portador todas as vezes que ele estivesse sendo inconveniente, ou emitindo um ruído que só ele ouvisse, ou lhe proporcionando um pequeno choque elétrico. Mais uma vez, uma tradução, no sentido estrito do termo, seria de todo impossível.

Os exemplos acima estão longe de constituir uma lista exaustiva das maneiras como os léxicos de duas línguas podem diferir; afinal, só vimos exemplos com substantivos, e mais adiante veremos que é na tradução dos verbos que vamos encontrar algumas das principais dificuldades para quem traduz do inglês para o português. Isso, é claro, sem falar nos problemas ocasionados por questões sintáticas, algumas das quais veremos no segundo capítulo. Mas o que vimos, imagino, já terá sido o suficiente para demonstrar que as ideias (ii) e (iii) trazem um profundo desconhecimento da natureza da linguagem humana. O principal problema do tradutor não é saber os "nomes" das "coisas" no idioma estrangeiro: muitas vezes não é possível estabelecer uma correspondência exata entre os termos de um idioma e os termos de outro; assim, o máximo que o dicionário bilíngue pode fazer é dar algumas sugestões, apontar possíveis soluções e refrescar a memória do tradutor.

Como a visão de senso comum a respeito do que seja o trabalho de tradução é profundamente equivocada, toda vez que um tradutor empreende a tarefa de dar ao público uma ideia do seu ofício ele é obrigado a começar por corrigir esses mal-entendidos. É preciso sempre afirmar o caráter não trivial do trabalho de tradução, elucidar a verdadeira natureza da atividade, enfatizar as dificuldades e o que há de criativo e intelectualmente instigante nessa profissão, e negar os velhos chavões preconceituosos. Traduzir — principalmente traduzir um texto de valor literário — nada tem de mecânico: é um trabalho *criativo*. O tradutor não é necessariamente um traidor; e não é verdade que as traduções ou bem são belas ou bem são fiéis; beleza e fidelidade são perfeitamente compatíveis.

Como já observei, nas últimas décadas os estudos de tradução se afirmaram como área de prestígio no mundo das humanidades. Surgiram novas abordagens do fenômeno tradutório; passou-se a valorizar o papel que as obras traduzidas têm numa dada literatura; em suma, pela primeira vez o meio acadêmico passou a dar a devida importância à tradução. Porém — numa reação talvez natural — a defesa zelosa do tradutor levou alguns teóricos a adotar certas posições extremas que encontraram resistência precisamente entre os tradutores literários; e algumas dessas posições, paradoxalmente, traem alguns dos mesmos preconceitos e mal-entendidos que apontamos antes. Vejamos de que modo isso se dá.

A tradução como disciplina acadêmica autônoma é bem recente. Foi somente nos anos 1970 que começou a se constituir o campo dos estudos da tradução. Num primeiro momento, como mostra Mary Snell-Hornby em *The turns of translation studies*, a tradução era estudada no âmbito da linguística, principalmente no que dizia respeito à tradução técnica, enquanto a tradução literária era um ramo da disciplina de literatura comparada. Foi um estudioso norte-americano radicado na Holanda, James Holmes, quem mais fez para a constituição dos estudos da tradução como área autônoma. Entre muitas outras contribuições importantes, segundo Snell-Hornby (p. 44), Holmes propôs que se parasse de falar em *equivalência* entre original e tradução, e em vez disso se utilizasse *correspondência*, um termo bem mais modesto e realista; e chamou a atenção para o fato de que traduzir não é uma operação realizada sobre *sentenças*, estruturas linguísticas, mas sobre *textos*, que envolvem muito mais do que simples aspectos gramaticais. Desse modo, Holmes e os outros pioneiros do campo abriram caminho para o que veio a se chamar a "virada cultural" dos estudos da tradução: os tradutólogos passaram a enfatizar que um texto só pode ser compreendido, e portanto traduzido, quando visto como um fenômeno *cultural*, dentro de um contexto rico e complexo, que vai muito além dos aspectos estritamente linguísticos.

A virada cultural dos estudos da tradução não foi um fenômeno isolado, mas parte de um movimento geral ocorrido no campo das ciências humanas. Na área da literatura, em particular, um processo análogo estava em curso. Nas décadas imediatamente anteriores, prevalecera nos estudos literários uma concepção segundo a qual a obra literária devia ser vista como uma estrutura autônoma, uma espécie de microcosmo com suas regras próprias. Tanto o *new criticism* norte-americano quanto o estruturalismo europeu tendiam a minimizar a importância do contexto histórico e social e os dados biográficos do autor; o que realmente contava era o texto em si. E foi justamente no período de afirmação da autonomia dos estudos da tradução que os estudos da literatura sofreram uma verdadeira revolução. Uma nova geração de críticos, inspirados pela desconstrução francesa e pelo pragmatismo norte-americano, passaram a questionar alguns dos pressupostos básicos seguidos até então — em particular, a ideia de que o texto literário tem um sentido estável e único que pode ser determinado em caráter definitivo por meio de uma leitura cuidadosa; como veremos, esse questionamento teve um impacto crucial sobre o campo da tradução. Ao mesmo tempo, com a afirmação dos chamados "estudos culturais", tornou-se menos rígida a fronteira entre a alta literatura e manifestações antes consideradas menores, como a música popular; passou-se a ressaltar as questões de contexto, destacando-se as características pessoais dos autores, em particular sua identificação com parcelas da população encaradas como vítimas de algum preconceito social. Assim, começou-se a falar em literatura feminina, literatura negra, literatura gay...

Mas voltemos aos estudos da tradução. No novo clima intelectual dos anos 1980, ocorreu um questionamento de antigos pressupostos e preconceitos sobre tradução, análogo ao ocorrido no campo da teoria da literatura. Em reação à ideia do senso comum segundo a qual a tradução é uma mera operação mecânica de substituição de palavras de um idioma pelas de outro, passou-se a enfatizar a importância do texto traduzido como obra literária com valor próprio. A partir de tais questionamentos, porém, alguns teóricos começaram a tirar conclusões extremas. Uma vez posta em xeque a ideia de que um texto tem um significado estável, não há como entender o trabalho de tradução como a produção de um texto em outro idioma que diga *exatamente a mesma coisa* que o texto original; se tal sentido estável não existe, o tradutor não tem por que, nem como, ter acesso a ele para poder recuperá-lo em outro idioma. Assim, alguns teóricos passaram a afirmar que a distinção entre original e tradução não passa de um preconceito: se é impossível determinar o sentido estável de um original e é impossível que uma tradução diga a mesma coisa que ele, segue-se que original e tradução são textos diferentes, e não há por que hierarquizá-los, colocando o original acima da tradução por ser mais autônomo. Além disso, prossegue o argumento, todo autor se insere numa tradição literária e constrói sua obra a partir de obras anteriores. Quase todas as peças de Shakespeare são adaptações teatrais de obras já existentes; Dante não poderia ter escrito a sua *Comédia* sem o exemplo da *Eneida*, que por sua vez deve muito à *Ilíada*; Kafka não seria Kafka se não tivesse lido Dickens, Dostoievski e Kleist; e assim por diante. Ora, se nenhuma obra é *inteiramente* original, segue-se que a distinção entre original e tradução não se sustenta. Mais ainda: a distinção entre, de um lado, um original, único e criativo, e, de outro, as traduções, múltiplas e apenas imitativas, não passaria de um mito. Existem vários textos diferentes do *Hamlet*, com diferenças gritantes entre si; Shakespeare não publicou nenhum deles pessoalmente; não existe uma versão específica do *Hamlet* que tenha a aura de originalidade e autoridade, sendo os outros textos versões adaptadas ou corrompidas. A famosa "tradução" inglesa do *Rubaiyat* de Omar Khayyam feita por Edward FitzGerald na verdade é em grande parte uma criação autônoma: mais um argumento em favor da relativização da oposição entre texto original e texto traduzido. E se a distinção entre original e tradução não é inteiramente nítida, o que dizer sobre a distinção entre tradução e adaptação? Pensemos nas traduções francesas das tragédias shakespearianas em que toda a ação se passa num único dia, para respeitar as supostas "três unidades" aristotélicas: Otelo conhece Desdêmona pela manhã, casa-se com ela à tarde e a estrangula à noite. Trata-se de uma tradução, uma adaptação ou uma nova versão de *Otelo*? Impossível responder essa pergunta de modo definitivo.

Assim, alguns teóricos de tradução, como Lawrence Venuti e Rosemary Arrojo — seguindo o caminho aberto por autores como Roland Barthes —, passaram a abolir tais distinções em favor de uma noção aberta de "textualidade", em que autores-tradutores-adaptadores produzem textos que são apenas textos, com graus variáveis de autonomia e distinção em relação a outros textos. A própria delimitação de uma atividade tradutória, claramente distinta da produção de textos originais, seria um artificialismo arbitrário, e o tradutor, como o negro, a mulher e o homossexual, seria mais uma vítima de discriminação necessitando de um discurso libertador. Alguns tradutólogos traçam paralelos entre a posição do tradutor em relação à do autor, de um lado, e à da mulher em relação ao homem, do outro: os tradutores, como as mulheres, seriam uma categoria oprimida pela ideologia dominante — o machismo, no caso das mulheres, e o culto ao original, no caso dos tradutores. Não seria coincidência, observam eles, que historicamente tenha havido tantas mulheres se ocupando do trabalho de tradução, e relativamente tão poucas mulheres autoras de obras literárias reconhecidas como canônicas. A ideia de que um texto de Shakespeare é de algum modo superior a alguma tradução sua seria o corolário da ideia de que o homem é superior à mulher — ou a de que o sexo entre homem e mulher é superior ao sexo entre pessoas do mesmo gênero, ou a de que a cultura ocidental é melhor do que todas as outras, ou a de que uma suposta "raça" branca é superior às demais. Lawrence Venuti, um influente teórico norte-americano, afirma em "A invisibilidade do tradutor" que a ideia de que a tradução é apenas um meio de acesso a um original leva os tradutores a tornarem invisível sua própria atuação profissional; isso, por sua vez, levaria ao aviltamento da remuneração dos tradutores, e consequentemente ao enfraquecimento da classe. Se os tradutores se fazem transparentes ou invisíveis, para deixar que o texto original transpareça por trás dos textos que eles redigem, como podem querer ser bem remunerados? Assim, Venuti propõe que os tradutores se façam visíveis, introduzindo nos textos que traduzem algumas passagens que surpreendam o leitor — por exemplo, um coloquialismo atual num texto do século XIX

— para que o leitor perceba que o que ele está lendo é uma tradução e não um original.

Examinemos mais detidamente o questionamento do pressuposto de que há um sentido no original a que o tradutor deva ser fiel. O argumento é o de que é impossível se ter acesso ao sentido único de um original, mesmo que exista de fato um texto único (ao contrário do que ocorre com o *Hamlet*), já que os textos admitem múltiplas leituras; tampouco se pode ter acesso à intenção do autor ao escrever o texto — aliás, o autor pode ter sido movido por impulsos inconscientes, e por isso ele próprio pode não saber qual a sua intenção. Assim, a própria ideia de fidelidade ao original cai por terra; não há um sentido estável no original a que ser fiel, e mesmo que houvesse tal coisa, o tradutor não poderia ter acesso a ela. Essa posição levou um coletivo de tradutoras feministas do Quebec a afirmar que, ao traduzir um texto machista, a tradutora feminista consciente deve subverter o sentido do original, a fim de atacar o machismo em suas fontes. Em vez de se apegar a uma inatingível fidelidade a um inacessível original, a tradutora deveria ser fiel à causa da libertação das mulheres; e ao traduzir um romance de um notório machista, caberia a ela alterar o sentido de certas passagens de modo a ridicularizar e "subverter" a posição do autor. Escreve uma dessas tradutoras, Barbara Godard: "A tradutora feminista, afirmando sua diferença crítica, seu prazer na releitura e reescrita intermináveis, alardeia os sinais de sua manipulação do texto" (p. 94).

Por motivos análogos, não se poderia argumentar que uma tradução seja melhor que outra; segundo a tradutóloga brasileira Rosemary Arrojo (no artigo "A que são fiéis tradutores e críticos de tradução? Paulo Vizioli e Nelson Ascher discutem John Donne"), se achamos a tradução A de um dado texto melhor do que a tradução B, isso não tem qualquer relação com qualquer característica intrínseca das duas traduções, já que não podemos ter acesso ao sentido estável de um suposto original, e já que nossos juízos são sempre influenciados por nossa subjetividade. Uma tal preferência se deve unicamente ao fato de que compartilhamos mais pressupostos com o tradutor de A do que com o tradutor de B: trata-se de uma questão subjetiva. Ao que parece, a posição de Arrojo poderia ser resumida assim: como não pode haver objetividade *absoluta* em questões de valor, todos os juízos de valor são *absolutamente* subjetivos.

À medida que posições semelhantes às de Venuti e Arrojo ganhavam aceitação nos meios acadêmicos, foi se abrindo um fosso entre os teóricos (muitos dos quais traduzem pouco) e os tradutores literários (que com frequência não se interessam por teoria da tradução). Por exemplo, Clifford Landers, tradutor norte-americano de literatura brasileira, publicou há alguns anos um livro sobre a tradução literária (*Literary translation: a practical guide*) no qual se refere aos desenvolvimentos no campo da teoria com profundo desdém: "a tradução literária", ele comenta, "por si só já é bem difícil, e não precisa de enrolações intencionais" (p. 54). Vamos encontrar a mesma atitude nas memórias de Gregory Rabassa (*If this be treason: translation and its dyscontents: a memoir*), o mais importante tradutor norte-americano de literatura latino-americana em espanhol e em português. Rabassa afirma não se importar de ser considerado um "dinossauro" por praticar a tradução sem qualquer reflexão teórica, e define o teórico como uma hiena, "uma criatura deselegante e desajeitada, que anda em bandos e se alimenta com a carniça de presas abatidas por animais mais nobres" (p. 46). Sem dúvida, a atitude de Landers e Rabassa é injusta e preconceituosa; a produção teórica no campo dos estudos da tradução contém muitos subsídios relevantes para o trabalho do tradutor prático. Levando-se em conta, porém, algumas das posições radicais defendidas por teóricos nas últimas décadas, trata-se de uma reação perfeitamente compreensível.

Pois não há sutileza teórica que escamoteie um fato básico: o tradutor literário é um profissional que atua no mercado, produzindo traduções que são destinadas a um público que deseja ler obras escritas num idioma que ele não domina. Como afirma o tradutólogo tcheco Jiří Levý (em *The art of translation*), "as traduções têm basicamente uma meta representativa" (p. 20): isto é, elas visam *representar* uma obra literária para os leitores que não dominam o idioma em que ela foi escrita, do mesmo modo como um ator representa o papel de Hamlet no palco. Levý afirma que existem duas abordagens possíveis em tradução: a "ilusionista" e a "anti-ilusionista". Tal como uma montagem teatral em que "a plateia sabe que o que vê no palco não é realidade, mas exige que tenha a aparência de realidade", os leitores de uma tradução "ilusionista"

> [...] sabem que não estão lendo o original, mas exigem que a tradução preserve as qualidades do original; assim, estão dispostos a acreditar que estão lendo *Fausto, Os Buddenbrooks* ou *Almas mortas*. (p. 20)

Por outro lado, a abordagem "anti-ilusionista", tal como o teatro épico de Bertolt Brecht, é aquela em que o tradutor se permite comentar o original, deixando bem claro que o texto que ele está lendo não é o original (o que lembra a proposta de Venuti). Mas Levý observa que a tradução "normal" é a que tende para o polo ilusionista; as traduções anti-ilusionistas seriam na verdade "paródias"; ele deixa claro que a teoria que se propõe a desenvolver em seu livro é uma "teoria da tradução 'ilusionista'" (p. 20).

Eis um exemplo: não sei alemão, e sou um leitor apaixonado de Kafka. Assim, quando leio uma tradução de Kafka em português, quero vivenciar algo semelhante à experiência que tem um leitor de fala alemã quando lê Kafka no original. Anima-me saber que Modesto Carone, o tradutor brasileiro de Kafka, conhece bem o alemão e é um estudioso das obras desse autor; que ele tem consciência de que Kafka escreve seus textos excepcionalmente poéticos num alemão frio e burocrático, e que ele tenta reproduzir esse efeito no português brasileiro. Se eu soubesse que Carone está interessado em afirmar sua autoria das traduções que publica, e por isso utiliza um português claramente diferente do alemão de Kafka, inserindo nelas coloquialismos brasileiros e referências ao Brasil de agora; ou se eu fosse informado de que Carone discorda veementemente de qualquer tentativa de fazer uma leitura religiosa de Kafka, e por isso elimina ou altera propositalmente toda e qualquer passagem do autor que possa alimentar uma tal leitura — eu simplesmente recorreria a outras traduções de Kafka que não as suas. E nisso eu estaria agindo como agiria praticamente qualquer leitor no meu lugar. As posições radicais de alguns teóricos, que causam *frisson* nos congressos acadêmicos, se aplicadas ao trabalho prático da tradução literária, levariam a imensa maioria dos leitores a rejeitar as traduções feitas com base nelas.

Na posição de acadêmico da área de tradução que já traduziu mais de cem livros, em sua maioria obras de literatura, vou apresentar meus argumentos contra a espécie de extremismo teórico que tem levado alguns dos melhores praticantes da tradução literária a achar que os estudos da tradução não podem ser levados a sério. Sustento que (a) tradução e criação literária *não* são a mesma coisa; que (b) o conceito de fidelidade ao original é de importância central na tradução; e que (c) não só podemos como devemos avaliar criticamente traduções com um certo grau de objetividade. Em suma, sustento que as metas básicas que norteiam a atividade tradutória desde sempre são essencialmente corretas, ainda que por vezes sejam norteadas por princípios insustentáveis, e que as críticas levantadas por alguns teóricos contemporâneos, ainda que partam de pressupostos corretos e desmitifiquem certos preconceitos, tiram conclusões incompatíveis com práticas responsáveis de tradução — e, paradoxalmente, por vezes até mesmo voltam, por caminhos tortuosos, a alguns dos preconceitos originais que visavam combater. Explicando melhor, e simplificando um pouco uma questão complexa: concordo que o significado não é uma propriedade estável do texto, uma essência que possa ser destacada do texto e isolada de maneira definitiva; minha visão do sentido é, tal como a dos teóricos a que me oponho, antiessencialista. Seguindo a visão de Wittgenstein, porém, eu diria que a tradução de textos segue determinadas regras que constituem o que podemos denominar de "jogo da tradução". Eis algumas regras deste jogo: o tradutor deve pressupor que o texto tem um sentido específico — na verdade, um determinado conjunto de sentidos específicos, tratando-se de um texto literário, já que uma das regras do "jogo da literatura" é justamente o pressuposto de que os textos devem ter uma pluralidade de sentidos, ambiguidades, indefinições etc. Outra regra do jogo da tradução é que o tradutor deve produzir um texto que possa ser lido como "a mesma coisa" que o original, e portanto deve reproduzir de algum modo os efeitos de sentido, de estilo, de som (no caso da tradução de poesia) etc., permitindo que o leitor da tradução afirme, sem mentir, que leu o original. Se o tradutor parte do pressuposto que o texto a traduzir *não* tem um conjunto de sentidos mais ou menos determinado, que a tradução que ele vai produzir é um texto *outro* em relação ao original etc., ele simplesmente não está jogando o jogo da tradução. Não se trata, pois, de tratar o sentido dentro de uma visão essencialista; trata-se simplesmente de respeitar as convenções do que se entende por tradução, na sociedade e no tempo em que vivemos — em tempos passados a tradução era encarada de modo muito diferente, e sem dúvida no futuro virá a mudar. Não há nada de transcendente nem essencial nas regras do futebol; mas se eu segurar a bola com a mão no meio da partida, ainda que alegue bons motivos filosóficos para meu gesto, todos eles inquestionáveis — as regras do futebol não são essências platônicas; são apenas convenções criadas por homens como eu; podem mudar com o tempo etc. —, eu simplesmente *não estarei mais jogando futebol*, tal como o jogo é definido atualmente pela Fifa, e o cartão vermelho será plenamente justificado.

Praticamente toda a minha argumentação baseia-se em três princípios, que podem ser enunciados como se segue:

(1) Não temos acesso a certezas absolutas, em nenhuma atividade e nenhum ramo do conhecimento, mas isso não quer dizer que não podemos afirmar coisa alguma com o mínimo grau de segurança. A ausência de certeza absoluta não é a mesma coisa que a incerteza absoluta.

(2) Todas as classificações são imprecisas; sempre que traçamos uma linha divisória entre duas categorias há uma zona cinzenta entre elas, e haverá casos que não se enquadram perfeitamente nem numa nem na outra. Mas o fato de haver imprecisões numa classificação

não implica a sua inutilidade; para dar conta do mundo de modo racional, precisamos classificar, generalizar, avaliar, muito embora saibamos das imprecisões e exceções contidas em nossas categorias.

(3) As atividades práticas com frequência tomam como metas ideais inatingíveis, mas o fato de uma meta não poder ser atingida em termos absolutos não a invalida de modo algum. Muitas vezes nossos atos são movidos por um objetivo que sabemos não poder ser atingido em sua totalidade, mas que mesmo assim permanece como um objetivo válido: se conseguirmos chegar a 80% dessa meta final, somos motivados a empreender um esforço ainda maior no sentido de chegar a 85%, e assim por diante. O fato de sermos obrigados a *relativizar* a possibilidade de *atingir* uma meta não implica que devamos *negar* a possibilidade de se *adotar* essa meta.

Vejamos alguns exemplos simples desses três princípios. Comecemos com (1). Nenhum ramo do conhecimento humano tem acesso a verdades absolutas e exatas; todo nosso conhecimento do real é sujeito a dúvidas e imprecisões. Mas isso não equivale a dizer que não sabemos absolutamente nada a respeito do que quer que seja. Podemos não saber o número exato de pessoas que moram neste exato momento na minha cidade, o Rio de Janeiro; mas podemos afirmar com absoluta certeza de que são mais de um milhão e menos de dez milhões, por exemplo, e com um grau de certeza um pouco menor que essa população é de cerca de seis milhões de habitantes. Para tomar uma série de decisões práticas a respeito da administração de uma cidade, esse grau de precisão, ainda que não absoluto, é mais do que suficiente.

Vejamos agora um exemplo referente a (2). Costumamos categorizar os seres como vivos ou não vivos, e essa classificação é fundamental tanto para o senso comum quanto para o direito e para a biologia. Digamos que definimos um ser vivo como qualquer ser que nasça, se alimente, se reproduza e morra. É uma definição razoável, que separa claramente de um lado bactérias, baleias e seres humanos, e de outro pedras, pedaços de carvão e bolinhas de mercúrio. Mas o que fazer com os vírus? Eles se reproduzem, sim (e como!), mas não nascem, não se alimentam nem morrem. São ou não seres vivos? Sem dúvida alguma, eles representam um problema para a classificação. Mas ninguém — nem no âmbito do senso comum, nem no do direito, nem no da biologia — tiraria a conclusão de que a diferença entre seres vivos e não vivos é um mero preconceito que precisa ser desconstruído. Nenhum jurista argumentaria que a existência de vírus deveria nos levar a tratar da mesma maneira um indivíduo que mata um homem e um outro que esmaga uma bolinha de mercúrio; que a exclusão de pedras e bolinhas de mercúrio do domínio dos seres vivos é um preconceito semelhante às discriminações de gênero, etnia e orientação sexual. No mundo real, reconhecemos que há uma zona cinzenta entre essas duas categorias, na qual situamos os vírus — e talvez outros seres que venhamos a descobrir —, mas nem por isso a classificação perde a validade. Pois o fato é que precisamos de classificações como essas, muito embora saibamos que elas não são absolutas. Como observam Helena Martins e Maria Paula Frota, na apresentação do número 4 de *Tradução em Revista*, ainda que tenhamos consciência das limitações do estabelecimento das categorias que estabelecemos, "não podemos senão aderir a certas repartições, chamar algumas coisas disso e outras daquilo".

Passemos para (3): o fato de que uma meta é inatingível em termos absolutos não a invalida enquanto meta. Essa ideia fundamenta-se na constatação de que relativizar não é a mesma coisa que negar. Eis um exemplo simples: a meta a que se propõem as pessoas que projetam aeronaves, dirigem empresas de aviação e controlam o espaço aéreo é impedir que ocorram acidentes. Idealmente, nenhum avião deve cair; todos nós queremos que os aviões cheguem todos a seus destinos sem maiores problemas. Por isso cada geração de aeronave incorpora mais fatores de segurança; por isso os técnicos analisam as chamadas caixas-pretas dos aviões acidentados, para descobrir o que deu errado neste ou naquele voo específico e impedir que tais erros voltem a ocorrer; por isso cada avião, antes de levantar voo, é submetido a uma inspeção rigorosa; por isso há controladores de voo atuando 24 horas por dia para evitar que duas aeronaves colidam. Sabemos, porém, que, apesar de tudo isso, acidentes acontecem, infelizmente; a cada mês, em diversos lugares no mundo, um certo número de aeronaves sofre acidentes fatais. A rigor, nossa meta — eliminar por completo os acidentes de aviação — é inatingível. Ora, imagine-se que um estudioso da aviação desenvolva o seguinte raciocínio: "A meta de eliminar os acidentes de aviação é inatingível; por mais que técnicos e autoridades se empenhem há décadas na tentativa de tornar os aviões 100% seguros, eles jamais vão atingir essa meta. A ideia de aviões perfeitamente seguros não se sustenta; devemos, portanto, parar de tentar tornar a aviação mais segura, parar de gastar rios de dinheiro projetando aeronaves melhores, analisando caixas-pretas e fazendo inspeções rigorosas nos aviões antes da decolagem." Certamente, nenhuma autoridade da aviação aceitaria essa argumentação, do mesmo modo que, na área da biologia, ninguém afirmaria que a distinção entre seres vivos e seres não vivos é um mero preconceito que é preciso denunciar. Mas no mundo dos estudos da tradução não falta quem defenda posições análogas a essas, ainda que não sejam tão patentemente absurdas: a ideia de que a distinção entre original e tradução é um mero preconceito ocidental, ou a de que é impossível fazer juízos de valor em relação à qualidade de uma tradução que não sejam completamente subjetivos.

Examinemos agora as posições que pretendo defender. Tais posições seriam, creio eu, aceitas pela grande maioria dos tradutores práticos — i.e., pessoas que têm como atividade principal a tradução de textos, inclusive de textos literários. Entre os estudiosos da tradução, estou certo também de que muitos concordariam comigo. Mas como essas posições são contrárias às ideias afirmadas por alguns dos nomes mais respeitados na academia, como Venuti e Arrojo, parece-me importante defendê-las de modo explícito.

Comecemos com (a): tradução literária e criação literária *não* são a mesma coisa. Reconhecemos que a distinção entre as duas categorias é problemática, que há uma extensa zona cinzenta entre elas. O exemplo clássico é o já mencionado *Rubaiyat* de Edward FitzGerald; mas muitos outros podem ser encontrados. De fato, muitas vezes o tradutor toma tantas liberdades em seu trabalho que a obra resultante pode e deve ser considerada um novo original. Mas o próprio fato de que esses casos são apontados como excepcionais denuncia a existência de uma delimitação entre categorias por eles violada. Não importa que eles sejam numerosos; quando dizemos que o texto T_1 é uma tradução do texto T, estamos dizendo uma coisa muito específica: *que a pessoa que leu T_1 pode afirmar, de modo veraz, que leu T.* Voltando ao exemplo anterior: não conheço o alemão, mas li toda a obra de Kafka em inglês e português, valendo-me de traduções consideradas competentes por pessoas que se dedicam a estudar Kafka e que são capazes de lê-lo no original. Quando alguém me pergunta se li Kafka, respondo que sim, com a plena consciência de que estou dizendo a verdade; leio e compreendo bem textos sobre essa obra, captando as alusões, concordando ou discordando do que é dito, de tal modo que posso participar de conversas sobre Kafka e defender minhas posições em relação a sua obra com argumentos que não parecem descabidos às pessoas que as leram no alemão. Por outro lado, sendo o *Rubaiyat* a única obra que li de Omar Khayyam, tendo-a lido na tradução de Edward FitzGerald, e sabendo que FitzGerald tomou liberdades extremas com o original, cortando, acrescentando e modificando mais ou menos a seu bel-prazer, não posso afirmar que li, de fato, o *Rubaiyat*, ou que sou um conhecedor de Omar Khayyam, e não me sinto seguro para discutir a obra desse poeta persa.

Assim, o reconhecimento de que textos como o *Rubaiyat* de Edward FitzGerald situam-se numa zona indefinida entre obras originais e obras traduzidas não abole, em absoluto, a diferença entre as duas categorias. A diferença é bem clara para quem — como eu — atua tanto como escritor quanto como poeta. Certa vez publiquei um artigo ("Tradução e criação") em que analisava o processo da escrita de um de meus poemas e o comparava com a atividade de traduzir um poema alheio, valendo-me da circunstância de dispor de um grande número de rascunhos tanto das diferentes versões de um determinado poema de minha autoria quanto de diferentes etapas do processo da tradução de um poema de Wallace Stevens. Como já vimos, alguns teóricos contemporâneos alegam que nenhuma obra é inteiramente original, já que se insere numa tradição, e portanto não se distingue, quanto a isso, de uma tradução. De fato, em meu artigo deixo claro que meu poema original foi sugerido por várias fontes: um verso de Sá de Miranda me forneceu a ideia básica; outro conceito central para o meu poema foi sugerido por Fernando Pessoa; e a forma que escolhi é uma versão modificada da terça-rima, a forma utilizada na *Divina comédia*, obra que eu tinha lido poucos meses antes de começar a escrever o poema. Assim, meu poema não era inteiramente original, como nenhuma obra literária é. Mas faria sentido dizer que ele era tão pouco original quanto minha tradução do poema de Wallace Stevens, também analisada no meu artigo? Não, pois a comparação dos rascunhos mostrava que, na elaboração de meu poema, toda vez que me aproximava excessivamente de alguma formulação de Sá de Miranda ou de Pessoa eu descartava a solução encontrada; por outro lado, examinando os rascunhos da tradução do poema de Stevens, percebia-se que a situação era precisamente a oposta: cada vez que me afastava demasiadamente do texto em inglês, por mais que a solução encontrada me agradasse, eu me sentia na obrigação de procurar uma outra que fosse mais próxima do original. Ou seja: embora tanto meu poema original quanto minha tradução de Stevens mantivessem relações com a tradição literária ocidental, as situações eram radicalmente diferentes. A sucessão dos rascunhos de meu poema demarcava uma trajetória *centrífuga*, em que eu conscientemente evitava uma proximidade excessiva em relação a diversos modelos literários, a fim de encontrar uma voz que me parecesse minha. Já as diferentes etapas da minha tradução de Stevens revelavam um processo *centrípeto*, em que eu evitava me afastar demais do texto original: minha intenção, nesse caso, era justamente a de produzir um texto que, num sentido muito específico, fosse considerado *o mesmo poema* que o texto de

Stevens; um poema que pudesse ser lido por leitores de poesia que não dominam o inglês, e que fosse de tal modo análogo ao original que seus leitores, após lê-lo, pudessem afirmar, sem mentir, que haviam lido o poema de Stevens em questão.

É claro que, em termos absolutos, minha tradução do poema de Stevens não é o *mesmo* poema que o original: como poderiam os dois textos serem o mesmo, se um deles foi escrito em inglês e o outro em português? Porém há um certo sentido — um sentido *relativo* da expressão "ser o mesmo poema" — em que podemos afirmar, de fato, que minha tradução do poema de Stevens (desde que seja reconhecida como uma boa tradução por pessoas que tenham um bom conhecimento do inglês, do português, da obra de Stevens e da poesia moderna em inglês e português) é uma *outra versão* do poema de Stevens, e até mesmo *é* o poema de Stevens em português. Em suma: ainda que concordemos que nenhuma obra é inteiramente original, e que não há uma linha de demarcação absolutamente inviolável entre originais e traduções — já que alguns textos se situam numa posição intermediária —, isso não nos permite dizer que não há nenhuma diferença entre originais e traduções. A impossibilidade de uma demarcação absoluta não implica a absoluta impossibilidade de estabelecer qualquer demarcação.

Passemos para (b): a ideia de que o conceito de fidelidade ao original é de importância central na tradução. Minha argumentação é essencialmente a mesma que foi desenvolvida antes. Não há como negar que é impossível que uma tradução seja *absolutamente* fiel a um original, por todos os motivos enumerados pelos tradutólogos: um mesmo original pode dar margem a uma multiplicidade de leituras diferentes, sem que tenhamos um meio de determinar de modo absolutamente inquestionável qual delas seria a correta; o idioma do original e o da tradução não são sistemas perfeitamente equivalentes, de modo que nem tudo que se diz num pode ser dito exatamente do mesmo modo no outro; e as avaliações do grau de fidelidade variam, uma mesma tradução de um mesmo original sendo avaliada positivamente por um leitor e negativamente por outro. Ou seja: não há e não pode haver uma fidelidade absoluta e inconteste. Mais uma vez, porém, essa constatação *não* nos autoriza a concluir que o conceito de fidelidade deva ser descartado. A fidelidade absoluta é uma meta perfeitamente válida, ainda que saibamos muito bem que, como todos os absolutos, ela jamais pode ser atingida. O tradutor responsável é aquele que, com os recursos de que dispõe e com as limitações a que não pode escapar, produz um texto que corresponda de modo razoável ao texto original. Mais adiante, veremos o que se entende por "corresponder" (e não "equivaler": sigo aqui a posição de Holmes) nesse contexto; mas já posso adiantar que, na impossibilidade de recriar na sua tradução todos os elementos do original, cabe ao tradutor hierarquizá-los e escolher quais deles deverão ser privilegiados. Claro está que essa avaliação, como de resto todo o processo de tradução, é subjetiva, e portanto há de variar de um tradutor para o outro. Mas o fato de que duas traduções de um mesmo texto jamais são idênticas não constitui um argumento contra a meta de fidelidade, e sim apenas contra a possibilidade de se atingir uma fidelidade absoluta.

Assim, sustento que o tradutor tem a obrigação de se esforçar ao máximo para aproximar-se tanto quanto possível da inatingível meta de fidelidade, e que ele não tem o direito de desviar-se desse caminho por outros motivos. O tradutor que coloca no texto anacronismos propositais para que o leitor se lembre de que está lendo uma tradução, ou que altera uma passagem de modo consciente para denunciar uma posição ideológica do autor, está, no meu entender, agindo de maneira antiética, na medida em que deveria estar atuando na qualidade de tradutor. Ele tem todo o direito de se tornar visível, mas as maneiras apropriadas de fazê-lo são outras: exigir que seu nome apareça com destaque na folha de rosto, ou até mesmo na capa do livro; escrever e assinar um prefácio, ou um posfácio — onde ele poderá, entre outras coisas, explicitar sua discordância das ideias defendidas pelo autor no seu texto —, e inserir notas de rodapé ou notas finais para elucidar aspectos potencialmente obscuros da obra. Mas ele não tem o direito de se tornar visível intervindo de modo ostensivo no texto do autor, para chamar a atenção do leitor que o que ele está lendo é uma tradução; ao agir assim, ele está violando o seu compromisso básico, que é o de se esforçar ao máximo para que, após ter lido sua tradução, o leitor possa afirmar, sem mentir, que leu o original.

Quanto à ideia de que há uma ligação entre a invisibilidade do tradutor e sua baixa remuneração, basta um minuto de reflexão para concluir que ela não se sustenta. Se assim fosse, os cirurgiões plásticos e os restauradores de obras de arte seriam mal pagos. Não consta que aqueles deixem marcas visíveis nos narizes de suas pacientes para que todos saibam que a beleza de um rosto se deve, na verdade, a uma intervenção cirúrgica; tampouco que estes façam questão de marcar a superfície da pintura ou da escultura restaurada com uma espécie de selo autoral. Em ambas as profissões, a invisibilidade da intervenção do profissional é uma parte fundamental de seu trabalho, e nem por isso sua remuneração é insuficiente. Concordo que os tradutores literários exercem um ofício dificílimo que é mal remunerado; mas a explicação proposta por Venuti não se sustenta. Há explicações bem mais razoáveis para esse fato. Citemos apenas duas: os tradutores trabalham isoladamente, cada um em seu escritório, ao contrário dos operários de uma fábrica, e assim é mais difícil para eles se organizarem como uma classe unida; muitos tradutores exercem outras profissões paralelamente e não encaram a tradução como seu ganha-pão básico, mas como algo que fazem por amor à literatura.

Por fim, chegamos a (c): afirmo que não só podemos como devemos avaliar criticamente traduções com um certo grau de objetividade. O argumento mais bem desenvolvido contra (c) é o que já mencionei de passagem antes: num artigo a respeito de traduções alternativas de um poema de John Donne, a teórica Rosemary Arrojo afirma que não há como dizer que a tradução de Augusto de Campos é melhor que a de Paulo Vizioli, pois aqueles que compartilham a visão de Campos preferirão a de Campos, e os que seguem Vizioli dirão que a de Vizioli é melhor. Como não existe uma inteligência supra-humana perfeitamente objetiva capaz de fazer avaliações inteiramente livres de fatores subjetivos, não se pode ser inteiramente objetivo, e portanto caímos numa subjetividade absoluta. O leitor decerto já percebeu que o argumento é o mesmo de antes: ou tudo ou nada. Já que a objetividade absoluta é impossível, assumamos nossa absoluta subjetividade: se acho a tradução de Campos melhor que a de Vizioli, é só porque meu gosto, em matéria de tradução, foi moldado por Campos e não por Vizioli. Mais uma vez, porém, o fato de não podermos ser absolutamente objetivos não nos condena a uma subjetividade absoluta. Voltarei a falar mais detalhadamente sobre o argumento de Arrojo no capítulo dedicado à tradução de poesia. Por ora, gostaria de comentar um dos exemplos citado pela autora numa outra obra sua, *Oficina de tradução* (p. 38-40). Ela afirma que, se compararmos as diferentes representações de Cleópatra em filmes realizados em épocas diferentes, verificaremos que a Cleópatra de um filme da década de 1920 nos diz muito sobre a moda feminina da década de 1920, e que a Cleópatra dos anos 1960 nos dá um bom retrato da moda dos anos 1960, e que portanto seria fútil acreditar que alguma delas corresponda mais ou menos à "verdadeira" Cleópatra. Para Arrojo, a Cleópatra "original" é de todo inatingível; só temos acesso a suas "traduções". Sem dúvida, Arrojo tem razão quando afirma que é impossível sabermos *exatamente* como era a Cleópatra original, e também quando argumenta que as representações de Cleópatra no cinema nos dizem mais sobre a moda da época de cada filme do que sobre a própria Cleópatra. Mas digamos que os arqueólogos descubram um certo número de efígies da rainha egípcia — por exemplo, moedas egípcias de seu tempo — produzidas em lugares diferentes por artífices diferentes, e que haja uma semelhança razoável entre essas representações; e que, ao cotejá-las com textos da época de Cleópatra que descrevam seu rosto, eles constatem uma convergência não desprezível entre as descrições e os retratos encontrados. Nesse caso, poderíamos dizer que temos, sim, uma ideia aproximada da aparência de Cleópatra, tal como podemos dizer que sabemos mais ou menos como era Augusto César, e como era Napoleão, com base nas inúmeras efígies deles que chegaram até nós.

Fazer julgamentos de valor desse tipo — relativos e não absolutos, porém fundados em critérios razoavelmente objetivos, e não apenas no gosto pessoal — é não apenas possível como necessário. Como observou o teórico de tradução belga André Lefevere em seu livro *Translating poetry*, as únicas pessoas que podem julgar a qualidade de traduções são aquelas que não precisam delas, já que podem efetivamente ler o original (p. 7). Cabe a nós, portanto — tradutores, bem como escritores, revisores e outros profissionais da escrita que dominam mais de um idioma —, a tarefa de criticar traduções, do mesmo modo que cabe aos peritos em informática fazer avaliações comparativas dos diferentes modelos de computador e *softwares* que surgem no mercado. Assim, um leitor que não conheça o alemão e não tenha tempo para ler duas traduções de um mesmo livro certamente gostaria de ter acesso a uma análise comparativa inteligente das duas traduções da obra mais importante de Schopenhauer, que foram lançadas no Brasil mais ou menos na mesma época. E um leitor de poesia que não saiba francês teria interesse em ouvir uma opinião bem informada a respeito dos méritos relativos das diversas traduções de Baudelaire para o português brasileiro que podem ser encontradas nas livrarias e bibliotecas. Como os leitores não têm tempo para ler todos os livros, muito menos para ler todas as traduções de todos os livros, a necessidade de tais avaliações é uma realidade. É lamentável que ainda não exista uma prática institucionalizada de crítica de traduções — uma crítica séria, responsável, fundada em argumentos concretos. E a avaliação de traduções, fundada em critérios relativamente objetivos, é um aspecto relativamente pouco explorado no campo dos estudos da tradução. Muitos dos tradutólogos que se opõem à própria ideia de avaliação qualitativa julgam que é um progresso a teoria ter se afastado das abordagens prescritivas e limitar-se agora a um enfoque descritivo, traçando um óbvio paralelo com o contraste entre a gramática prescritiva e normativa e os estudos linguísticos descritivos, estes sim científicos. Sem dúvida, o trabalho científico básico deve ser de natureza descritiva e não prescritiva; e está claro que o tipo tradicional de abordagem prescritiva condenada pelos teóricos — a ideia de que existe uma única tradução "correta" (a que é proposta pelo avaliador) e todas as outras são "erradas" — já vai tarde. O problema, porém, é que a tradução é uma *atividade* humana prática e não um *fenômeno* natural: ou seja, é algo de natureza semelhante à aviação ou à medicina, e não à linguagem humana ou à fisiologia dos mamíferos. O teórico da tradução não é alguém que se debruça sobre um objeto ou processo que se encontra na natureza, e sim um investigador de uma práxis social específica voltada para um determinado fim: a produção de textos que possam substituir outros textos. Ora, o estudo de uma atividade voltada para um objetivo prático não pode deixar de investigar se e como os objetivos dessa atividade são atingidos. E para aqueles que, como eu, atuam na área da formação de tradutores, é particularmente indispensável a questão da avaliação qualitativa. Imagine-se se, nas minhas oficinas de tradução na PUC-Rio, onde trabalho, eu me recusasse a fazer julgamentos de valor sobre o desempenho dos alunos, argumentando que todas as traduções são igualmente válidas, já que ninguém tem acesso a um sentido original estável. Alguém acredita que, com base nesse método, meus alunos estariam sendo bem preparados para atuar no mercado de tradução literária?

Resta responder uma pergunta: por que motivo surgiram, no campo dos estudos da tradução, posições teóricas que terminam por dar apoio a práticas profissionais francamente antiéticas? Afinal, se algum médico propusesse que, já que é impossível manter todas as pessoas sempre saudáveis, deveríamos cuidar apenas da saúde de pessoas pertencentes a certas minorias discriminadas, a proposta seria rechaçada por todos como eticamente inaceitável. Nos estudos da tradução, porém, propostas análogas são aceitas por muitos. Qual a razão? Creio que há uma explicação para esse fato. Como argumentei num outro artigo ("A difícil vida fácil do tradutor"), as pessoas têm mais tolerância com a imperfeição humana quando se trata de atividades reconhecidamente complexas, como ocorre com a aviação e a medicina. Mas quando a atividade em questão é considerada fácil, tornamo-nos mais intolerantes, e achamos que pedir a perfeição absoluta não é exagero. Que um neurocirurgião não consiga curar por completo um paciente que sofreu um grave trauma craniano, achamos compreensível: afinal, o cérebro é um órgão de extrema complexidade e muitíssimo delicado. Mas o malabarista que deixa cair uma só bola no chão é um incompetente; afinal, qualquer criança dotada de coordenação motora normal pode, com um pouco de prática, se tornar um malabarista razoável. Pois bem, observei no início deste capítulo que, para o senso comum, traduzir é uma atividade fácil; bastaria conhecer alguma coisa da língua estrangeira e ter um bom dicionário bilíngue para se fazer uma tradução. Assim, é compreensível que, para o senso comum, a tradução deva recriar o original de modo completo, perfeito, absoluto; qualquer falha, por menor que seja — um adjetivo traduzido erradamente na página 835 de um livro de mais de mil páginas —, basta para condenar todo o trabalho. Não é assim que procedem os resenhistas das páginas culturais dos jornais e revistas, que via de regra só mencionam o fato de que a obra resenhada é uma tradução ao citar uma ou outra "pérola" colhida e exibida com triunfal senso de superioridade? É compreensível que os leigos encarem a tradução desse modo (ainda que possamos questionar que a tarefa de resenhar livros traduzidos seja entregue a leigos, como infelizmente ocorre). O que causa espanto é que acadêmicos da área de estudos da tradução — pessoas de quem seria de esperar um profundo conhecimento de causa — encarem a tarefa de tradução com o mesmo tipo de expectativa de perfeição absoluta e, ao constatar que esse ideal não pode ser atingido, reajam de modo muito pouco razoável.

Já mencionei as posições de Venuti e Arrojo, bem com a postura da tradutora feminista Barbara Godard; darei apenas mais um exemplo, ao qual voltaremos no último capítulo, quando discutirmos a questão da tradução de poesia. Em sua obra já citada, André Lefevere examina uma variedade de estratégias de tradução de poesia e reprova todas elas — já que sua expectativa (implícita) é que a tradução deva recriar *todos* os aspectos do poema original, sem *nenhuma* perda. Para ele, se a tradução de um poema não é absolutamente perfeita, ela é um malogro completo; se cair uma única bolinha das mãos do malabarista, o espetáculo é um fracasso. Pois minha conclusão é diferente da de Lefevere: concluo que até mesmo acadêmicos sérios e eruditos da área dos estudos da tradução não conseguem se livrar do velho estereótipo da tradução como uma atividade simples e mecânica. O nível de perfeição que eles exigem da empresa tradutória é inatingível; assim, como veremos no capítulo dedicado à poesia, ao constatar que a perfeição é impossível, alguns teóricos concluem que devemos abrir mão da própria razão de ser de nosso trabalho, que é produzir um texto que seja uma recriação fiel do original em outro idioma, enquanto outros mergulham no desânimo. Insisto que a postura que devemos adotar não é a que adotamos em relação aos malabaristas ou mágicos de salão, e sim aos neurocirurgiões: nossa atividade é muito complexa, e portanto nossas metas, ainda que devam ser as mais ambiciosas, não podem jamais ser atingidas de modo absoluto. Devemos, portanto, aprender a conviver com o imperfeito e o incompleto. Conseguir recriar em português um romance de Proust, ou uma tragédia de Shakespeare, ou um poema de Goethe, é uma das tarefas mais árduas que se pode imaginar; mas o que o tradutor brasileiro deve tentar fazer é precisamente isto: proporcionar ao leitor lusófono a experiência mais próxima possível de ler Proust em francês ou Shakespeare em inglês ou Goethe em alemão. O fato de que não podemos jamais atingir a perfeição não deve nos desanimar nem nos levar a mudar de meta.

Antes de encerrar essa discussão, não quero dar a impressão de que discordo de tudo que se propõe atualmente em matéria de teoria da tradução. Nessa área há teóricos das mais diversas orientações; as posições que discuto aqui não são as únicas, nem necessariamente as dominantes, embora tenham certo peso na academia. Tampouco gostaria que meus leitores pensem que nego qualquer valor aos teóricos que critico. Já falei sobre a importância de Lefevere para os estudiosos e praticantes da tradução de poesia. Venuti é um dos estudiosos da tradução mais instigantes da atualidade, autor de algumas obras fundamentais; e Arrojo escreveu, além de artigos teóricos influentes, um livro que considero uma das melhores obras introdutórias de nosso tema, leitura recomendável para todo iniciante: *Oficina de tradução*, já mencionado. Por fim, devo admitir que foi tentando refutar as posições defendidas por esses autores que desenvolvi minhas próprias ideias; assim, os teóricos de quem mais discordo estão entre os que mais importância tiveram no desenvolvimento de minhas ideias sobre tradução; e por isso sou-lhes grato.

Dito isso, é preciso delimitar nosso tema principal. Vamos tratar de um setor específico do universo da tradução: o que se costuma denominar de *tradução literária*. A delimitação do campo do literário é reconhecidamente problemática; como já vimos, porém, estabelecer categorias em qualquer área do conhecimento ou de atividade é difícil, e impossível de fazer com perfeição absoluta, mas mesmo assim a tarefa tem que ser realizada. Há textos que são claramente literários, bem como textos que, de modo igualmente claro, não são. Podemos imaginar uma espécie de contínuo formado por todos os textos que existem, sendo um extremo ocupado pelos que são sem dúvida literários, e o outro pelos que ninguém jamais classificaria como tais. No extremo do literário colocaríamos os poemas, e logo em seguida os romances, novelas, contos, peças teatrais; no extremo oposto ficariam os manuais de utilização de aparelhos, as bulas de remédios, as patentes, as leis e os regulamentos. Mesmo assim, temos que fazer algumas ressalvas. Há alguns anos foram publicados os relatórios produzidos por Kafka na companhia de seguros em que trabalhava, e que são consumidos como literatura pelo público de Kafka. Inversamente, na antiguidade era comum utilizar a forma poética para redigir textos que hoje denominaríamos científicos: no primeiro século depois de Cristo, Manílio escreveu um tratado sobre astrologia em cinco livros, todo em versos. E onde ficariam na nossa classificação os textos filosóficos? Muitos considerariam "técnicos" ou "não literários" os escritos de autores como Tomás de Aquino e Kant, que não têm qualquer preocupação com a beleza da forma e que utilizam termos técnicos definidos de modo rigoroso. Por outro lado, Nietzsche tem um estilo reconhecidamente apurado; e Freud foi agraciado com um importante prêmio literário. As traduções de Nietzsche e de Freud, mas não as de Tomás de Aquino e Kant, constituiriam traduções literárias? Sem dúvida, temos aqui casos de difícil classificação; mas a existência de tais casos limítrofes, como já vimos, não invalida a distinção entre textos literários e não literários. De qualquer modo, neste livro trataremos apenas de obras que seriam geralmente consideradas literárias. E abordaremos apenas duas modalidades de escrita literária, a ficção e a poesia, deixando de lado outras, como a dramaturgia. O motivo dessa delimitação é simples: tenho muito pouca experiência prática como tradutor de textos teatrais.

O que caracteriza a *literariedade* de um texto? Essa discussão é bastante complexa, e não seria este o lugar mais adequado para aprofundá-la; mas tampouco podemos deixá-la de lado por completo, já que nosso objeto de interesse, a tradução literária, depende do conceito de literariedade. Podemos adotar o critério proposto por Jakobson num artigo famoso, "Linguística e poética" (incluído no livro *Linguística e comunicação*): chamemos de "função poética" — deixando claro que "poética" aqui tem um sentido mais amplo, que abrange toda a literatura, e não só os textos em versos — aquele aspecto da comunicação verbal que enfatiza não o conteúdo do que se diz, nem os pensamentos de quem fala, nem o efeito sobre aquele com quem falamos, nem nenhum dos outros componentes da comunicação, mas sim a própria mensagem em si. O texto literário é aquele que, ainda que possa ter outras funções, tem um valor intrínseco para aqueles que o utilizam; ou seja, ele é valorizado como objeto estético. Os textos de Nietzsche certamente são lidos principalmente pelo seu conteúdo filosófico; uma peça de Brecht pode ser encenada com fins de conscientização político-ideológica; e um romance de Machado de Assis pode ser estudado para fazer uma análise da sociedade brasileira no Segundo Império. Porém esses textos são considerados literários na medida em que os valorizamos como objetos que nos proporcionam prazer estético.

Podemos agora tentar definir de modo um pouco mais claro o que entendemos por tradução literária: é a tradução que visa recriar em outro idioma um texto literário de tal modo que sua literariedade seja, na medida do possível, preservada. Isso significa que a tradução literária de um romance deve resultar num romance; a de um poema, num poema. Significa que a tradução de um texto que provoque o riso no original deve provocar o riso em seu leitor; que a tradução de um poema cheio de efeitos musicais, como padrões rítmicos e rimas, deve conter efeitos semelhantes ou de algum modo análogos; que a tradução de uma peça teatral que represente fielmente a maneira de falar de pessoas de classe média na cultura de origem deve representar de modo igualmente fiel a maneira de falar de pessoas de classe média na cultura do idioma da tradução. Significa também que a tradução de um texto considerado difícil, espinhoso, idiossincrático e estranho em sua cultura de origem deve ser um texto que provoque as mesmas reações de perplexidade e estranhamento no público da cultura para o qual foi traduzido; e que a tradução de um texto considerado singelo e de fácil leitura pelos leitores da língua-fonte deve resultar num texto que seja encarado como igualmente simples pelos leitores da língua-meta.

Mas o que significa traduzir um texto preservando sua literariedade? Vejamos, por contraste, o que ocorre no extremo oposto do contínuo — na tradução de um manual de operação de uma máquina, por exemplo, ou de uma bula de remédio. Em tais casos, o objetivo do tradutor é muito claro: ele tem que passar para a língua-meta toda a informação contida no texto em língua-fonte, e fazê-lo com o máximo de funcionalidade. O manual traduzido deve ser tão útil quanto o original na tarefa de ajudar o operador a utilizar o equipamento em questão; a bula de remédio traduzida deve conter exatamente todas as informações que constam no original. Mais ainda: se houver alguma ambiguidade no original, o tradutor pode e deve eliminá-la na sua tradução, já que seu único objetivo é servir a um fim prático. Se, dadas as diferenças culturais, há num texto sentidos que estariam claros, embora estejam apenas implícitos, para o usuário do manual ou bula original, mas não para o leitor de uma tradução, o tradutor tem a obrigação de explicitá-los, para que o usuário da máquina ou do remédio na cultura-meta fique em condições de igualdade com o leitor do texto original. Assim, digamos que o texto original de uma bula, produzida nos Estados Unidos, fale em acrescentar água ao remédio. Ao traduzi-lo para o português brasileiro, o tradutor pode achar necessário acrescentar o adjetivo "filtrada" após a palavra "água", pois ele sabe que toda a água que sai das torneiras de uma casa pode ser ingerida sem problemas em todo o território dos Estados Unidos, mas não na maioria das localidades no Brasil. Em outras palavras, o compromisso do tradutor é com a utilização prática do texto, e seu maior compromisso é passar todas as informações do original para a tradução, sem haver nenhuma perda, distorção nem acréscimo — salvo, como no exemplo visto, no caso de alguma explicitação ser necessária por motivo de diferença cultural.

É bem diversa a situação do tradutor literário. Se, como afirma Jakobson, o valor literário de um texto reside no texto em si, nas palavras tal como se encontram na página, e não apenas em seus significados, o tradutor de uma obra literária não pode se contentar em transportar para o idioma-meta a teia de significados do original: há que levar em conta também a sintaxe, o vocabulário, o grau de formalidade, as conotações e muitas outras coisas. No caso do texto poético, o caso-limite da literariedade, podem ter importância igual ou ainda maior o som das palavras, o número de sílabas, a distribuição de acentos nelas, as vogais e consoantes que aparecem em determinadas posições de cada palavra; além disso, também pode ser relevante a aparência do texto no papel, a começar pela localização dos cortes que separam um verso do outro. Não se trata, portanto, de produzir um texto que apenas contenha as mesmas informações que o original; trata-se, sim, de produzir um texto que provoque no leitor um *efeito de literariedade* — um efeito estético, portanto — de tal modo análogo ao produzido pelo original que o leitor da tradução possa afirmar, sem mentir, que leu o original.

Ora, sabemos que um texto produzido num idioma não pode ser recriado com exatidão num idioma estrangeiro; quanto a esse ponto, todos estamos de acordo. A questão que quero reiterar é que isso não deve ser visto como um argumento para que descartemos a meta de *fidelidade* ao original. Se a fidelidade absoluta, integral, perfeita é uma meta inatingível, nem por isso vamos abrir mão dela como orientação. O que o tradutor literário precisa fazer é *relativizar* essa meta, e pensar: já que não posso recriar todas as características do original, tenho que ser seletivo, e me fazer duas perguntas. A primeira é: quais as características mais importantes do texto, que *devo tentar* recriar de algum modo? E a segunda: quais as características do texto original que *podem* de algum modo ser recriadas? Assim, ao ler o original a ser traduzido, o tradutor faz uma avaliação criteriosa dos elementos do original que *têm* que ser reconstruídos, aqueles cuja perda seria catastrófica, a ponto de invalidar o trabalho de tradução; ao mesmo tempo, ele é obrigado a considerar, de modo realista, quais desses elementos *podem* de fato ser recriados — ou, mais exatamente, quais ele se sente capaz de recriar. É essa avaliação que vai balizar todo o seu trabalho.

Examinemos agora essas duas perguntas. Que características de um texto devem ser consideradas essenciais para se reproduzir na tradução? Evidentemente, essa avaliação é algo a ser feito caso a caso, por um leitor muitíssimo cuidadoso; e a tradução é, por definição, a operação de leitura mais cuidadosa que se pode imaginar. Digamos que minha tarefa tradutória seja traduzir uma novela de Henry James, *The turn of the screw*. (O exemplo não foi escolhido a esmo: no momento em que escrevo o primeiro esboço deste capítulo, estou de fato traduzindo essa obra de James.) O que devo priorizar na minha tradução? Quais os elementos desse texto que necessariamente terão de ser reconstruídos em português? Comecemos com o mais óbvio: há uma história a ser contada, com um determinado conjunto de personagens, uma trama com diversas etapas; evidentemente, meu texto em português deverá contar a mesma história, com os mesmos personagens, providos dos mesmos atributos, e a ordem em que os eventos se passam no original será respeitada na tradução. Mas há que considerar também muitos outros fatores. O estilo de James é famoso por sua complexidade sintática: frases longas, cheias de interpolações, antecipações, protelações; parte do suspense da narrativa é claramente um efeito dessa sintaxe arrevesada. Assim, na minha tradução terei de recorrer a uma sintaxe tão tortuosa quanto a do original, jamais cedendo à tentação de simplificar o complexo ou esclarecer o ambíguo ou obscuro: nesse texto, as complexidades, ambiguidades e obscuridades são características do original que devem ser respeitadas. Como o português permite estruturas sintáticas até certo ponto análogas, em grau e modo de complexidade, às do original, posso e devo tentar reproduzir esse aspecto do original na minha tradução.

Consideremos agora a questão do que efetivamente pode ser recriado numa tradução, através de um exemplo. Um fato importante a respeito do léxico do inglês, ao qual retornaremos no próximo capítulo, é que ele representa a convergência de dois vocabulários distintos: um de origem germânica — palavras que estão no idioma desde a fase arcaica da língua, que denominamos "anglo-saxão" — e outro de origem latina — palavras que entraram para o inglês a partir da invasão normanda, em 1066, em sua maioria derivadas do francês, e outras extraídas diretamente do latim. Por esse motivo — por ser uma língua germânica que, por circunstâncias históricas, sofreu a partir de certo ponto fortíssima influência de um idioma latino, o francês, falado pelos invasores normandos — o inglês tem um vocabulário muito maior que as outras línguas da Europa. Há um núcleo de palavras básicas germânicas na língua; são essas as primeiras palavras que a criança aprende. Elas representam apenas cerca de 30% dos itens que constam no dicionário, mas em qualquer texto inglês, escrito ou falado, constituem a maioria das palavras utilizadas por se referirem a conceitos fundamentais: termos como *come*, *go*, *up*, *down*, *good*, *bad* etc.; aqui se incluem também as relações de parentesco: *father*, *mother*, *son*, *daughter* etc. Em sua maioria esmagadora, essas palavras de origem anglo-saxã têm apenas uma ou duas sílabas. O restante do léxico inglês — cerca de 70% do total — veio do latim (ou do grego, através do latim). São palavras de importância menos central, muitas vezes polissilábicas, de sentido mais específico: *intelligence*, *comprehend*, *implementation*, *metaphysical*, *constitutional*. Muitos conceitos em inglês podem ser expressos ou por palavras germânicas ou por palavras latinas, mas sempre com conotações diferentes: "perdoar" pode ser *forgive* ou *pardon*, mas — tipicamente — o termo germânico exprime o perdão que é de fato sentido e concedido, enquanto o latino é usado para referir-se, por exemplo, ao perdão oficial concedido por um presidente ou governador a um prisioneiro, ou a um perdão puramente perfunctório, como na expressão *I beg your pardon?*, usada para exprimir que não se entendeu bem o que foi dito pelo interlocutor. De modo geral, os vocábulos germânicos são viscerais, carregados de emoção e de fisicalidade; os termos latinos tendem a ser mais "frios", intelectuais, mais afastados do físico e do emocional. *Immortality* é a ideia abstrata de imortalidade, mas *deathlessness* é algo que se sente de modo muito mais direto: é a condição de algo ou alguém que não vai morrer nunca.

Digamos que eu queira traduzir para o português um poema curto de Emily Dickinson (e, no terceiro capítulo, vamos de fato traduzir um poema dela). Analisando o poema, constato que nos três primeiros versos todas as palavras são monossílabos germânicos; porém o quarto e último verso é quase inteiramente ocupado por uma longa palavra de origem latina. Relendo o poema, observo também que as palavras germânicas dos três primeiros versos descrevem uma cena cotidiana, povoada por seres concretos — um pássaro no quintal, ou uma flor no jardim — e que, a partir desta cena comezinha, a poeta tira uma conclusão filosófica, abstrata: daí a palavra final ser *immortality*, por exemplo, ou *infinity*. Meu conhecimento do inglês e da obra de Dickinson me diz que esse uso contrastivo dos léxicos germânico e latino é um recurso importante do poema. Porém meu conhecimento do português me diz também que esse efeito, em particular, é impossível de reproduzir: não seria possível, por exemplo, restringir o vocabulário dos primeiros versos a palavras curtas de origem tupi-guarani e usar um longo termo de origem latina no último verso. Esse recurso me é vedado: o português é uma língua em que a maioria esmagadora das palavras vem do latim; o léxico de origem tupi-guarani é muito pequeno, e quase todo restrito a termos

53

referentes à flora e à fauna naturais do Brasil — portanto, flores e pássaros que seguramente não aparecerão em nenhum poema de Dickinson. Assim, ainda que eu reconheça esse recurso do inglês utilizado pela poeta norte-americana, sei que não poderei reconstruí-lo em português. Tudo que posso fazer, na melhor das hipóteses, é substituí-lo por outro recurso: por exemplo, contrastar palavras simples, de sentido concreto, nos primeiros versos, com termos abstratos, mais rebuscados, no último. Há aqui, sem dúvida, uma perda inevitável.

Como os exemplos mostram, o tradutor literário deve ter consciência de que seu objetivo — produzir um texto que reproduza, na língua-meta, todos os aspectos da literariedade do texto original — é, em última análise, inatingível. Sua tarefa, portanto, como já observei, é determinar quais as características do original são as mais importantes e quais são passíveis de reconstrução na língua-meta, e tentar redigir um texto que contenha essas características. É importante colocar os elementos do original numa escala hierárquica, e concentrar-se naqueles itens que ocupam o topo da hierarquia. Assim, ao traduzir um texto universalmente elogiado pela sua capacidade de fazer o leitor rir, é preciso privilegiar as passagens que contêm piadas, jogos de palavras, mal-entendidos, paródias ou quaisquer que sejam as fontes de humor do original. Quando se trata de um autor elogiado pela extrema concisão de seu estilo, será dada prioridade à tarefa de utilizar uma linguagem tão enxuta quanto for possível no idioma-meta. Ao traduzir um poema composto em versos cuidadosamente medidos e rimados, o tradutor terá de produzir um texto poético tão regular quanto o original — ainda que a natureza exata dessa regularidade não seja exatamente a mesma do poema na língua-fonte. Em suma: cabe ao tradutor, dentro dos limites do idioma com que trabalha, e de suas próprias limitações pessoais, produzir na língua-meta um texto que seja tão próximo ao texto-fonte, no que diz respeito às suas principais características enquanto obra literária, que o leitor de sua tradução possa afirmar, sem estar mentindo, que leu o original. Sabemos que, estritamente falando, isso não é verdade; mas não nos devemos preocupar com esse fato. Como já vimos, quando afirmo que li uma obra originariamente redigida numa língua que desconheço, pressupõe-se que eu a tenha lido em tradução, e nesses casos presume-se também que ler a tradução *é* ler o original.

Mais uma vez, quero lembrar que, sob esse aspecto, o campo da tradução não é tão diferente das outras áreas de atividade humana. Dependendo dos fins práticos que tenhamos em mente, podemos perfeitamente partir de pressupostos que, como sabemos muito bem, em outras circunstâncias não seriam tidos como válidos. Para o militar que calcula a trajetória de um projétil lançado numa guerra, os pressupostos teóricos da física newtoniana são válidos; mas o cientista que calcula a trajetória de uma sonda espacial que deverá fotografar a superfície de Netuno terá de utilizar o modelo einsteiniano. Para o militar, a visão newtoniana retrata a realidade; para o cientista, a realidade corresponde ao modelo de Einstein. Do mesmo modo, se sou um leitor não profissional de ficção e desconheço o russo, terei de tratar as traduções de Dostoievski, Tolstoi, Turgueniev e Tchekhov que utilizo como se elas fossem os textos escritos por esses autores; e, tendo lido essas traduções, afirmarei que de fato li as obras em questão sem que ninguém me acuse de estar mentindo. Por outro lado, se estou estudando as traduções de ficção russa para o português, sendo especialista em tradução literária do russo, vou tratar em meu estudo justamente das diferenças entre os textos escritos em russo por esses autores e suas traduções: em suma, vou problematizar precisamente aquilo que é pressuposto pelo leitor do exemplo anterior. Uma tradução de Dostoievski é um texto de Dostoievksi ou é um outro texto, produzido por um tradutor? A gravidade é uma força exercida pela Terra sobre um corpo ou é uma curvatura no espaço-tempo na vizinhança de um corpo celeste? Em ambos os casos, a resposta vai depender dos fins que tivermos em mente.

Traduzir, pois, não é uma ciência exata, mas uma atividade pragmática. Original e tradução, tradução e adaptação — não podemos abrir mão de tais distinções, ainda que tenhamos consciência das zonas cinzentas que há entre uma e outra categoria. O inatingível ideal do tradutor literário é recriar em seu idioma uma obra estrangeira, encontrando correspondências para cada um dos incontáveis elementos que compõem um texto: palavras, sintagmas, características morfossintáticas e fonológicas, trocadilhos etc.; na impossibilidade de realizar essa tarefa de modo perfeito, ele tenta ao menos reconstruir da melhor maneira o que lhe parece de mais importante no original. Nisso ele procede tal como o físico que, não podendo realizar uma experiência no zero absoluto, temperatura inatingível na Terra, aproxima-se dela tanto quanto lhe permitem seus recursos técnicos, em vez de concluir que, já que não pode chegar ao zero absoluto, o melhor é trabalhar na temperatura ambiente — ou, para citar o antropólogo Clifford Geertz, em *A interpretação das culturas* (p. 40), como o cirurgião que, não podendo atingir a assepsia absoluta na sala de operação, tenta manter o ambiente o mais asséptico possível, em vez de decidir realizar a cirurgia no esgoto. Deixemos para trás, pois, o problema da impossibilidade de se chegar ao sentido único e estável de um texto, ou de realizar uma tradução perfeitamente fiel, ou de avaliar de modo absolutamente objetivo a qualidade de uma tradução. Em cada um desses casos, temos soluções — parciais e imperfeitas, porém amplamente satisfatórias — à nossa disposição; e é a elas que dedicaremos o resto deste livro.

A tradução de ficção

Dissemos no capítulo anterior que vamos adotar o conceito jakobsoniano de função poética. Dentro desse enfoque, o texto literário é aquele em que predomina essa função: ou seja, aquele em que a ênfase recai no próprio texto, e não nos outros componentes da situação de comunicação. O texto literário é aquele que, quaisquer que sejam as outras funções que possa vir a ter — expressar os sentimentos do autor, comunicar conteúdos filosóficos ou ideológicos aos leitores etc. —, tem a si próprio como principal razão de ser. Em outras palavras, o texto literário é um objeto estético. Vimos também que a função da tradução é produzir um texto T_1 que substitua um texto T, para que possa ser lido por pessoas que leem o idioma em que T_1 foi escrito, mas não o idioma em que T foi escrito. Deve haver, pois, uma determinada relação de *correspondência* entre T e T_1, para que a leitura de T_1 possa ser considerada, até certo ponto e em muitas situações, como correspondendo a uma leitura de T, de tal modo que o leitor de T_1 possa dizer, sem faltar com a verdade, que leu T. Que espécie de relação de correspondência é essa? Já vimos que, no caso do texto literário, não basta que T_1 signifique o mesmo que T: a correspondência não pode se limitar ao plano do significado. O estilo de T deve ser de algum modo imitado em T_1, o que implica que várias características do plano do significante terão de ser recriadas: sintaxe, registro linguístico (ou seja, grau de formalidade/coloquialidade da linguagem); no caso da poesia, que examinaremos mais detalhadamente no próximo capítulo, até mesmo a contagem de sílabas e a distribuição de acentos, vogais e consoantes, e ainda outros aspectos do texto, têm que ser levados em conta.

Mas antes mesmo de examinar tais pormenores, há uma questão geral a ser discutida. Ela foi levantada há duzentos anos pelo filósofo alemão Friedrich Schleiermacher, num texto famoso ("Sobre os diferentes métodos de tradução"): trata-se dos pesos relativos que devemos dar a duas forças que tendem a puxar o tradutor em direções opostas. Ao analisar essa questão, Schleiermacher criou uma dicotomia que tem alguma semelhança com a estabelecida por Jiří Levý, que vimos no capítulo anterior — a distinção entre traduções ilusionistas e não ilusionistas —, mas não é idêntica a ela. Digamos que quero traduzir para o português brasileiro um texto literário escrito em inglês no século XVIII. A operação tradutória envolverá, na verdade, mais do que a transposição do inglês para o português: o texto original vem com uma série de marcas associada ao lugar (Inglaterra) e tempo (século XVIII) em que foi escrito. Ao fazer uma tradução assim, portanto, posso — segundo Schleiermacher — adotar duas estratégias opostas. Uma delas (hoje em dia normalmente denominada "domesticação") é trazer o texto inglês setecentista até o leitor brasileiro de hoje; isto é, facilitar ao máximo sua fruição pelo leitor que tenho em mente. Nesse caso, utilizarei um português contemporâneo, eliminando todas as marcas de antiguidade da linguagem do original: empregarei as formas de tratamento atuais, "você" e "o senhor", em vez de "tu" e "vós", empregadas nos países lusófonos no século XVIII; em vez de milhas e libras vou usar quilômetros e quilos; quanto às referências a questões políticas da época que não serão facilmente identificadas pelo meu leitor, posso simplesmente eliminá-las, ou até mesmo — levando a domesticação ao extremo — substituí-las por referências locais e atuais. A estratégia oposta, defendida por Schleiermacher (e hoje denominada "estrangeirização"), consiste em levar o leitor até o tempo e o lugar do original, sem que seja feita outra concessão à sua facilidade de leitura que não a troca do inglês original pelo português: neste caso, eu utilizaria uma linguagem característica do século XVIII, com todos os "tus" e "vós"; manteria o sistema de pesos e medidas de época; conservaria todas as referências do original, talvez incluindo notas de rodapé para esclarecer as passagens mais difíceis. Se eu quisesse estrangeirizar da maneira mais radical, poderia até utilizar uma sintaxe próxima à do inglês, ou introduzir anglicismos até então inexistentes para dar o sabor exato das palavras do original. O tradutor pode optar por uma ou por outra estratégia, mas, segundo Schleiermacher, ou bem ele faz uma coisa, ou bem faz outra; não pode haver meio-termo.

Ao deixar clara sua preferência pela segunda estratégia, a estrangeirizante, Schleiermacher estava nitidamente reagindo contra a tendência dominante da época — imposta sobretudo pelos franceses, que tinham imensa influência sobre toda a Europa, inclusive sobre os povos de fala alemã — de fazer traduções tão domesticadoras que, pelos padrões atuais, muitas vezes seriam consideradas adaptações e não traduções. Schleiermacher tinha também outro objetivo, que era enriquecer o alemão, língua que lhe parecia pouco civilizada em comparação com o francês e o grego clássico; ele imaginava que um aumento no número de traduções estrangeirizantes traria para o alemão conceitos e recursos novos, não apenas do grego e do francês, mas também do inglês, do italiano, do espanhol e de outros idiomas.

Quando leio Schleiermacher, a parte de sua argumentação que me parece mais frágil é a ideia de que as duas estratégias formam uma oposição do tipo tudo ou nada (como o leitor certamente já percebeu, tendo a encarar com desconfiança essa espécie de colocação sempre que me deparo com ela). Parece claro que foi por estar o autor interessado em promover a estratégia estrangeirizadora e atacar a tendência domesticadora que ele tanto insistiu na distinção radical entre as duas. O que minha experiência me ensinou, porém, é que essas duas estratégias, na verdade, representam mais um par de ideais absolutos inatingíveis; na prática, o que sempre fazemos é exatamente aquilo que Schleiermacher diz ser impossível fazer: adotar posições intermediárias entre os dois extremos. Era o que Goethe já dizia a respeito do trabalho de Wieland, tradutor de Shakespeare para o alemão, em meados do século XVIII, como relata Snell-Hornby (p. 9-10): para Goethe, Wieland tentara conciliar essas duas estratégias, procurando "o caminho intermediário"; porém, "como homem sensível e de bom gosto", em caso de dúvida optava pela tática domesticadora. Podemos discordar da ideia de Goethe de que na dúvida devemos domesticar, mas não há como contornar a necessidade de procurar um "caminho intermediário". Pois uma tradução radicalmente estrangeirizadora, que mantivesse a sintaxe do idioma-fonte e cunhasse um termo novo cada vez que não fosse encontrada uma palavra que traduzisse com exatidão um termo do original, provavelmente se tornaria ilegível, como essas traduções automáticas que fazemos através de *sites* da internet. Por outro lado, uma tradução que levasse a domesticação às ultimas consequências também deixaria de ser uma tradução; se na minha tradução de um romance inglês do século XVIII eu transplantar a ação para o Brasil de agora, serei obrigado a fazer tantas mudanças que o texto resultante será uma outra obra, uma adaptação. Neste contexto, podemos citar o notável experimento realizado por Mauricio Mendonça Cardozo, que publicou duas versões de uma novela alemã do século XIX, *Der Schimmelreiter*, de Theodor Storm: uma delas é uma tradução convencional, equilibrada entre os dois extremos da estrangeirização e da domesticação, e a outra uma reescrita radicalmente domesticadora, em que a história original, ambientada numa região alagadiça da Alemanha, é recontada no sertão brasileiro, em que a luta contra o mar do original é recriada como uma luta contra a seca. Ainda que Cardozo insista em que leiamos os dois textos como traduções, para a maioria esmagadora dos leitores (este incluído) o que temos na verdade é, de um lado, uma excelente tradução, e, de outro, uma brilhante obra original, uma adaptação criativa. Por quê? Porque, após ler a primeira versão, *A assombrosa história do homem do cavalo branco*, tenho consciência de que li em português uma obra de ficção alemã do século XIX, mas após a leitura da segunda, *O centauro bronco*, sei que li uma novela escrita por um jovem autor brasileiro, inspirada em Storm, José de Alencar, Euclides da Cunha, Graciliano Ramos e Guimarães Rosa. Para retomar o que foi dito no capítulo anterior, na *Assombrosa história* o trabalho de Cardozo teve uma tendência centrípeta, um movimento de aproximação de um original definido, enquanto no *Centauro* havia diversos textos em jogo além do de Storm, e a ausência de um centro fixo levou Cardozo a produzir uma obra própria, que já não pode mais ser lida como uma tradução. Se um leitor brasileiro que não leia alemão quiser conhecer uma obra de Storm, ele recorrerá à *Assombrosa história do homem do cavalo branco* e não ao *Centauro bronco*.

O experimento de Cardozo, a meu ver, mostra claramente a diferença entre uma tradução e uma adaptação. No caso da tradução propriamente dita, ao contrário do que preconiza Schleiermacher, o que o tradutor literário faz é seguir um curso intermediário entre duas atitudes extremas. O que vai determinar o grau de estrangeirização e de domesticação adotado é uma série de fatores, dos quais quero destacar três. Em primeiro lugar, o tradutor tenderá a adotar uma política tradutória mais estrangeirizadora quanto maior for o prestígio do autor a ser traduzido. O reconhecimento crítico da excelência de um determinado escritor implica sempre a valorização de seu estilo, das peculiaridades de sua linguagem que o singularizam. Isso fará com que o tradutor se esmere na tarefa de reproduzir na língua-meta as características do estilo original, e fatalmente o levará a aproximar-se mais da língua-fonte. O segundo fator que influenciará a política adotada pelo tradutor é o público-alvo. Quando a tradução é destinada a leitores com menos sofisticação intelectual, ou a um público infantojuvenil, o tradutor tenderá a lançar mão de estratégias domesticadoras, com o objetivo de não afastar o leitor, que talvez deixasse o livro de lado se encontrasse uma dificuldade excessiva na leitura. Por fim, o meio de divulgação da tradução também terá influência sobre a escolha da estratégia tradutória. Um determinado conto de F. Scott Fitzgerald poderá ser traduzido de modo mais estrangeirizador se o tradutor souber que ele será incluído num livro intitulado *Contos completos de F. Scott Fitzgerald*, em dois volumes, editado por uma editora de prestígio, com introdução, cronologia de vida e obra do autor, notas e bibliografia. O mesmo conto, porém, pode receber um tratamento mais domesticador se o tradutor tiver recebido a incumbência de traduzi-lo para ser publicado numa revista de grande circulação que sempre veicula um conto em cada número, e na qual não haverá espaço para introdução nem notas.

Em suma: não há critérios definitivos que aconselhem a adoção, em todo e qualquer caso, de uma estratégia estrangeirizante ou domesticadora. Mais uma vez, temos uma situação em que uma solução intermediária terá de ser adotada pelo tradutor, após um exame cuidadoso dos diferentes fatores relevantes. Mesmo assim, quanto a essa questão podemos falar também em tendências gerais em determinadas culturas e diferentes épocas. Já observei que os tradutores franceses são de longa data conhecidos por preferir estratégias domesticadoras, e que a estrangeirização está associada à Alemanha. Por ter a França ocupado por tanto tempo uma posição central na Europa, os escritores e intelectuais franceses encaravam os outros povos com certo grau de condescendência; para eles, transplantar para o incomparável idioma francês uma obra escrita em língua estrangeira era uma das maiores homenagens que se podia prestar a tal obra e a seu autor. Mas para serem admitidas nos augustos salões parisienses, essas obras "bárbaras" e "incultas" precisavam passar por uma faxina em regra. O poeta, tradutor e teórico francês Henri Meschonnic (em sua obra *Poétique du traduire*, p. 147) cita os comentários de Marc Chapiro, o tradutor francês dos *Irmãos Karamazov*: para Chapiro, o texto de Dostoievski é de tal modo "pesado" que, ao tentar apresentar uma versão francesa "correta e legível" do romance, ele tenta evitar incorrer numa simplificação "excessiva". Em outras palavras, Chapiro crê que simplificar faz parte do trabalho de "limpeza" do texto "pesado" de Dostoievski; deve-se apenas evitar os excessos de simplificação. E segundo Boris Schnaiderman (na entrevista "Boris Schnaiderman, o tradutor de russo", incluída em livro organizado por Sergio Cohn, p. 153), um dos principais tradutores brasileiros da grande literatura russa, houve uma "tradução" francesa que reduziu o caudaloso romance de Dostoievski a um "pequeno romance policial". Por outro lado, os alemães, como já observamos, por muito tempo sentiram-se inferiorizados culturalmente em relação não só à França, mas também à Inglaterra e à Itália;

daí darem preferência a uma abordagem estrangeirizante em suas traduções, na esperança de introduzir em sua língua e sua cultura algo da riqueza das literaturas estrangeiras que eles tanto admiravam.

Mas há também uma variante cronológica a se levar em conta. Diversos fatores vêm tendo o efeito de tornar as traduções, de modo geral, mais estrangeirizantes do que costumavam ser no passado. Com a formalização das leis internacionais que protegem os direitos autorais, os tradutores foram perdendo a liberdade de alterar mais ou menos arbitrariamente o texto traduzido; o conceito de adaptação pouco a pouco foi se cristalizando em oposição ao de tradução propriamente dita. Também uma preocupação crescente com o conceito de autenticidade cultural teve seu peso: o leitor comum de hoje, mais do que o de cem anos atrás, quer ter, ao ler uma tradução de uma obra estrangeira, a impressão de estar travando contato com um autêntico produto desta cultura que não é a sua — mesmo que tenha perfeita consciência de estar lendo um texto que é traduzido, e que portanto não é "original" nem "autêntico". Hoje em dia, quando se trata de uma obra escrita num idioma considerado exótico — por exemplo, o albanês —, a expressão "traduzida diretamente do albanês", estampada na folha de rosto do livro, confere valor à tradução: o leitor se sente mais próximo do autor do original quando é menor o número de intermediários entre eles. É a mesma lógica que leva os cinéfilos exigentes a preferir os filmes legendados às versões dubladas; a ideia é chegar o mais próximo possível da experiência original que tem da obra um conterrâneo do autor.

Assim, o tradutor literário de hoje tende, de modo geral, a produzir um texto menos domesticado, mais respeitoso com relação às características e escolhas do autor do original. Mas é claro que, por mais estrangeirizante que seja, toda tradução é, por definição, uma operação radical de reescrita, em que todas as palavras de um texto são substituídas por outras, de um idioma diferente, seguindo normas sintáticas diferentes, por vezes utilizando até mesmo outro alfabeto. A questão que se coloca para o tradutor contemporâneo, interessado em produzir uma versão que respeite as características do original, é determinar até que ponto é possível reproduzir essas características na língua-meta, com as especificidades e as limitações dessa língua-meta. Neste ponto, um dos princípios fundamentais da tradução literária, enunciado pelo já citado Meschonnic, deve ser levado em conta: o princípio que pode ser enunciado como *traduzir o marcado pelo marcado, o não marcado pelo não marcado* (*Pour la poétique II*, p. 343). Simplificando um pouco, os conceitos de "marcado" e "não marcado" — que foram introduzidos por Roman Jakobson, autor citado no capítulo anterior — podem ser entendidos neste contexto no sentido, respectivamente, de "desviante" e "padrão". A ideia é esta: a todos aqueles elementos do texto original que um leitor nativo consideraria convencionais e normais devem corresponder, na tradução, elementos encarados do mesmo modo pelos leitores da língua-meta. Por outro lado, toda vez que o autor do original utiliza algum recurso inusitado, destoante, desviante, que chama a atenção do leitor — é o que estamos chamando de "marcado" —, cabe ao tradutor utilizar, na tradução, algum elemento que suscite no leitor nativo da língua-meta o mesmo grau de estranhamento, nem mais, nem menos, que a passagem original provocaria no leitor da língua-fonte. Não cabe ao tradutor criar estranhezas onde tudo é familiar, tampouco simplificar e normalizar o que, no original, nada tem de simples ou de convencional.

Vejamos um exemplo. Em *Pickwick papers*, romance de estreia de Charles Dickens, há um personagem, Alfred Jingle, cuja fala fragmentada se distingue nitidamente das falas dos outros personagens, os quais se exprimem através de estruturas sintáticas normais. Eis um trecho de uma das primeiras falas de Jingle:

> Terrible place—dangerous work—other day—five children—mother—tall lady, eating sandwiches—forgot the arch—crash—knock—children look round—mother's head off—sandwich in her hand—no mouth to put it in—head of a family off—shocking, shocking!

A fragmentação da fala de Jingle é talvez o principal recurso de caracterização do personagem. Nesse sentido, podemos dizer que ela é "marcada": no contexto geral da ficção de língua inglesa oitocentista, e mais especificamente na obra de Dickens e neste livro em particular, ela representa um desvio acentuado da maneira "normal" de falar dos personagens. Uma tradução da passagem que respeitasse o seu caráter marcado seria algo assim:

> Lugar terrível — trabalho perigoso — no outro dia — cinco crianças — mãe — senhora alta, comendo sanduíches — esqueceu-se do arco — plaft — ploque — crianças olham para o lado — cabeça da mãe arrancada — sanduíche na mão — sem boca onde enfiá-lo — família perdeu a cabeça — chocante, chocante!

Ora, um tradutor que vertesse essa passagem em frases de sintaxe completa, com sujeito, verbo e predicado, artigos e conjunções ("Este lugar é terrível, e o trabalho aqui é perigoso. No outro dia mesmo, cinco crianças passavam com a mãe..."), estaria "desmarcando" o original, despindo-o de sua estranheza, e desse modo violaria o princípio de Meschonnic.

A transgressão oposta seria a de um tradutor que tomasse a fala do protagonista, o sr. Pickwick, que é perfeitamente convencional, e a fragmentasse de modo a assemelhá-la à fala de Jingle: nesse caso, diríamos que o tradutor estaria traduzindo o não marcado pelo marcado.

Na prática, o maior risco que o tradutor corre é de violar o princípio do Meschonnic da primeira maneira exemplificada anteriormente: ou seja, traduzindo o marcado pelo não marcado, retirando a estranheza do que era para ser estranho. É fácil entender por que isso ocorre. A operação de tradução consiste precisamente em transformar o estrangeiro — o estranho — no conhecido, transportando-o de um idioma alheio para o do leitor. Mas em quase todo texto literário há passagens que foram redigidas com a intenção de causar uma sensação de espanto no leitor do original. O tradutor, que normalmente pertence à cultura e ao idioma para o qual está traduzindo e não à cultura e ao idioma do original, tem que ficar atento para perceber em que momentos a estranheza do texto é um recurso do autor, usado conscientemente, e não uma característica devida apenas à estrangeiridade do texto. Assim, por exemplo, não basta que o tradutor conheça o sentido das palavras do original: é preciso também que ele saiba reconhecer quais as palavras consideradas pelos nativos como comuns, não marcadas, palavras que eram de esperar naquele contexto específico, e quais as que são inesperadas, rebuscadas, até mesmo impróprias no contexto — pois a impropriedade e o erro são recursos de que os escritores lançam mão com frequência. O mesmo se aplica à sintaxe e às demais características do texto traduzido.

Voltemos, pois, ao ponto anterior. Dizíamos que o tradutor literário não pode se limitar a traduzir o sentido geral do texto, porém que precisa reproduzir também as características do estilo do autor. Para fins de exemplificação, digamos que o tradutor optou por produzir um texto nem muito domesticador nem muito estrangeirizador: sua tradução não tentará incorporar elementos da sintaxe do idioma original, tampouco introduzir neologismos; por outro lado, manterá todas as referências a pessoas, lugares e eventos, permitindo-se acrescentar uma nota explicativa aqui e ali, quando uma referência que seria facilmente compreendida pelo leitor do original representaria um obstáculo considerável para o leitor da tradução. Que características do original — por exemplo, um texto de ficção — teriam de ser recriadas?

O problema inicial é determinar quais dessas características se devem à natureza do idioma e quais podem ser consideradas marcas específicas do estilo do autor. Tomemos um exemplo diferente dessa vez: uma obra ficcional do já mencionado Henry James. O tradutor consciencioso, antes de empreender uma tarefa tradutória, deve se informar a respeito do autor e da obra com que vai se ocupar. No caso em questão, o tradutor ficará sabendo que James, autor anglo-americano nascido em 1843 e morto em 1916, é considerado um dos maiores ficcionistas do idioma, um dos nomes-chave da transição entre o romance do século XIX e a ficção modernista. Partindo da linguagem convencional dos grandes nomes do romance inglês e francês oitocentista — Charles Dickens, George Eliot, Honoré de Balzac, Gustave Flaubert — James vai progressivamente forjando um idioma muito particular, uma linguagem que abre caminho para o experimentalismo de autores como James Joyce, Virginia Woolf e Marcel Proust. Comparando-se a prosa de James com a de alguns de seus contemporâneos por quem ele professava admiração — como Joseph Conrad e Robert Louis Stevenson — fica claro o quanto sua sintaxe é marcada, no sentido em que estamos empregando o termo. À medida que suas obras vão se sucedendo, suas frases tornam-se cada vez mais longas, e a sintaxe sofre deslocamentos e torções ousadas, a ponto de se tornar obscura em muitas passagens, dando voltas e voltas em torno do sentido, evitando uma referencialidade direta. Em particular, as inversões sintáticas que James pratica na sua última fase são de tal ordem que chegam quase a violar normas gramaticais do inglês, idioma cuja sintaxe é bem rígida se comparada, por exemplo, com a do português. As ousadias sintáticas, portanto, são sem dúvida uma marca do estilo do autor, que o tradutor deve tentar reproduzir de algum modo.

Por outro lado, há certas características do texto de James que não são idiossincrasias suas, mas características da língua inglesa. Vejamos uma frase escolhida mais ou menos a esmo, de um dos romances de James, *The Princess Casamassima* (p. 40):

> "Well, you'll have to guess my reason before I'll tell you," the girl said, with a free laugh, pushing her way into the narrow hall and leaning against the tattered wall-paper, which, representing blocks of marble with beveled edges, in streaks and speckles of black and gray, had not been renewed for years, and came back to her out of the past.

O comprimento do período e sua complexidade sintática são típicas de James; porém o detalhe para o qual quero chamar a atenção do leitor é bem pontual: a passagem "*pushing her way into the narrow hall*". A personagem a que o narrador se refere simplesmente como *the girl* entra no vestíbulo de uma casa literalmente "empurrando seu caminho para dentro do vestíbulo estreito". A tradução literal, é claro, não poderia ser utilizada; o tradutor aqui tem que fazer um esforço de interpretação e paráfrase. O que significa a expressão *to push one's way into* um lugar? Significa entrar num determinado lugar sendo obrigado a abrir caminho, empurrando coisas que estão à sua frente ou delas se esquivando. Ou seja: entrar num lugar abrindo caminho à força de empurrões, empurrando os obstáculos para o lado a fim de poder passar. Observe-se um detalhe importante, que é típico da sintaxe inglesa: a ideia de movimento, de entrar no ambiente, não é dada pelo verbo, e sim pela preposição — no caso, *into*, que significa (e neste ponto traduzo, simplificando um pouco, o verbete do *Webster's third international dictionary*):

> movimento direcionado de modo a terminar, se for levado adiante, quando a posição denotada por *in* ["em", "dentro de"] for alcançada, normalmente [usada] após um verbo que exprime a ideia de movimento ou uma palavra que implica ou sugere movimento ou passagem para indicar um lugar ou coisa em que se entra ou penetra ou em que se pode entrar ou penetrar por um movimento do exterior para o interior.

Uma tradução possível para a passagem de James seria, pois, "entrando com dificuldade no vestíbulo estreito e apinhado de objetos", ou "abrindo caminho para entrar no vestíbulo estreito". Seja como for, terei traduzido o sentido da preposição *into* com o verbo "entrar". Temos aqui uma característica da língua inglesa: a de utilizar verbos de ação de sentido bem específico para designar a *maneira* exata como se dá o movimento, enquanto a *direção* do movimento — entrar, sair, subir, descer etc. — é dada não pelo verbo, mas por uma preposição associada ao verbo. Ao traduzir passagens assim para o português, somos obrigados a utilizar verbos de sentido geral, como "entrar", e se quisermos exprimir com exatidão o conteúdo semântico do verbo inglês, temos de fazer acréscimos semelhantes a "com dificuldade" e "apinhado de objetos" do exemplo em questão. Ao traduzir a passagem de James das maneiras sugeridas, estou sem dúvida realizando um certo grau de domesticação; porém uma tradução radicalmente estrangeirizante como "empurrando seu caminho para dentro do vestíbulo estreito" seria percebida pelo leitor como algo de grotesco — como seria possível "empurrar um caminho"? O leitor desavisado poderia até pensar que se tratava de um erro de revisão para "empurrando seu carrinho", e depois perder algum tempo tentando entender que carrinho seria esse. Além disso, uma tal solução violaria o princípio de Meschonnic, pois a passagem em questão, "*pushing herway into the narrow hall*", que é perfeitamente comum em inglês e não uma idiossincrasia sintática de James, estaria sendo traduzida por algo tão estranho que não poderia de modo algum ser considerado correspondente ao trecho do original. Como se vê, a opção por uma abordagem mais estangeirizante muitas vezes entra em choque com o princípio de Meschonnic. Não há uma receita universal para tais casos: o tradutor terá que exercer aqui, mais uma vez, seu senso de medida.

Como forjar, no português, um estilo que de algum modo corresponda ao de Henry James? Um bom ponto de partida é tentar encontrar um escritor da mesma época no idioma do texto-meta. O tradutor de James (1843-1916) não deixará de observar que o autor que ele vai traduzir pertence à mesma geração que Machado de Assis (1839-1908). Portanto, com relação a uma série de escolhas vocabulares — formas de tratamento, uso de tempos verbais, termos que designam veículos e peças de vestuário, por exemplo — ele encontrará em Machado de Assis material que poderá utilizar em sua tradução de James. Por outro lado, será necessário levar em conta as diferenças acentuadas que há entre os estilos dos dois autores: embora ambos sejam precursores da ficção modernista, a sintaxe machadiana é muito mais direta e enxuta que a jamesiana. Assim, ainda que seja possível explorar alguns dos traços da linguagem de Machado de Assis, para construir um James brasileiro muita coisa ficará a cargo da inventividade do tradutor, se ele concluir que não há na prosa brasileira nenhum escritor cuja sintaxe guarde semelhanças com a de James. Nesse caso, será necessário, ao traduzir cada passagem do original, avaliar até que ponto ela é marcada, de modo a produzir estruturas em português que causem no leitor uma estranheza mais ou menos equivalente à causada pela estrutura original no leitor de língua inglesa.

Já vimos duas diferenças importantes entre a sintaxe inglesa e a portuguesa. Dissemos, em primeiro lugar, que a sintaxe inglesa é mais rígida que a portuguesa — ela admite menos inversões. Vale a pena clarificar um pouco essa afirmação. Em português, posso dizer, por exemplo, "As crianças chegaram cansadas" ou "Chegaram cansadas as crianças": a segunda estrutura, em que o sujeito aparece em último lugar, é sem dúvida mais marcada que a primeira, mas é perfeitamente gramatical e, embora marcada, não deixa de ser natural. Posso também dizer "Cansadas chegaram as crianças", uma estrutura ainda mais marcada, que na fala só se justificaria como réplica a algo que foi dito antes ("Você diz que *os homens* chegaram cansados? Cansadas chegaram *as crianças!*"), e na escrita como exemplo de linguagem poética. Essa liberdade de deslocar o sujeito para o final da oração é muito menor em inglês, sendo limitada a alguns casos específicos (por exemplo, quando o sujeito é uma oração substantiva). Em segundo lugar, dissemos que em inglês, idioma em que há um grande número de verbos de ação muito específico, a opção não marcada é escolher o verbo de ação que descreva o movimento exato que se quer exprimir, muitas vezes seguido de uma preposição que indique a direção do movimento. Por outro lado, em português, cujo léxico é menor, somos obrigados a utilizar um verbo de ação de sentido mais geral; em seguida, o tradutor tem que decidir o que fazer com o material semântico que ficou por traduzir no verbo de ação: dependendo do caso, ele será expresso em português por um acréscimo, como um adjunto adverbial, ou então será deixado de lado. No exemplo extraído do romance de James, *"pushing her way into the narrow hall"*, provavelmente concluiremos que a especificação do movimento expresso por *push into* terá de ser recuperado em português através do verbo "entrar" e algumas expressões que captem a ideia de movimento feito em meio a obstáculos, como "com dificuldade" e "apinhado de objetos" ou "abrindo caminho". Vejamos mais alguns exemplos simples:

(1) He swam into the cave.
(2) He stalked into the room.

Qualquer tentativa de traduzir essas frases com estruturas formalmente análogas em português resultará em frases estranhas. No caso de (1), uma tradução literal nos daria "Ele nadou para dentro da caverna", uma frase perfeitamente compreensível, mas que nenhum falante nativo do português produziria espontaneamente. Muito mais natural seria usar um verbo de sentido genérico que especifique o *sentido* do movimento, e indicar o *tipo* do movimento na periferia da frase: "Ele entrou na caverna nadando" (ou "a nado"). No caso de (2), uma tradução literal mantendo a mesma estrutura é simplesmente impossível: não há em português um verbo que traduza o sentido de *stalk*, "caminhar de modo rígido e empertigado".

Esses exemplos chamam a atenção para uma outra diferença entre os dois idiomas: o fato de que o inglês suporta muito mais redundância que o português. A frase (1) poderia muito bem aparecer num contexto em que, no mesmo parágrafo, já foi dito que o personagem mergulhou na água e saiu nadando. Em português, porém, se já soubéssemos que o personagem está dentro d'água, a melhor tradução para (1) seria simplesmente "Ele entrou na caverna", pois já sabemos que ele está nadando. Vejamos um exemplo desse tipo de redundância, extraído de um conto de Ann Beattie, "The confidence decoy" (p. 140):

He *backed* the Lexus *out* to follow the moving truck down the drive. Jim *drove* faster than Francis expected, but he kept up, patting his pocket to make sure that his cell phone was there. They *drove* for a while, then turned down a rutted road where someone had put a red-and-black cone to indicate a deep pothole.

Observemos os seguintes verbos, que grifei na passagem: *backed out*, *drove* e *drove*. Todos eles indicam movimentos executados por automóveis: o Lexus do protagonista, Francis (o *he* do texto), e o caminhão dirigido por Jim. Eis uma proposta de tradução da passagem:

Saiu de ré no seu Lexus e foi atrás do caminhão. Jim *dirigia* mais depressa do que Francis previra, porém ele conseguiu acompanhá-lo assim mesmo, apalpando o bolso para certificar-se de que o celular estava lá. *Seguiram* por algum tempo, depois entraram numa estrada de terra esburacada onde alguém havia colocado um cone vermelho e preto para indicar a presença de um buraco mais fundo.

Os verbos que destaquei acima foram traduzidos respectivamente como "saiu de ré", "dirigia" e "seguiram" Ao traduzir a segunda ocorrência de *drove*, utilizou-se não "dirigiram", mas sim "seguiram". O que motivou essa opção do tradutor? Precisamente o fato de que o português suporta menos redundância que o inglês. "Saiu de ré", "Lexus" e "dirigia" já marcam claramente que os personagens estão dirigindo carros, e a repetição de "dirigir" ao traduzir a segunda ocorrência de *drove* seria sentida pelo leitor lusófono como desnecessária e deselegante. Nesse caso, o uso de um verbo de sentido menos específico, como "seguir", seria mais natural em português. Aqui, mais uma vez, a opção estrangeirizadora, que seria utilizar "dirigir" pela segunda vez na passagem, seria percebida pelo leitor brasileiro como uma forma excessivamente marcada, ao contrário do que se dá no original.

A passagem ilustra também um outro problema a ser enfrentado na tradução literária. Muitas vezes a língua-fonte possui apenas um item lexical, ou forma verbal, ou outro elemento qualquer, quando a língua-meta possui mais de um; em cada caso o tradutor tem de optar por uma ou por outra estrutura correspondente, e nem sempre é fácil saber qual das formas deve ser usada. No caso das traduções do inglês para o português — aliás, de qualquer outra língua que não o espanhol para o português — o exemplo mais óbvio disso é a tradução do verbo *be*, que ora corresponde a "ser", ora a "estar". O inglês, como quase todas as línguas, não tem verbos específicos que correspondam a esses dois conceitos que para nós, falantes do português e do espanhol, contrastam de maneira tão evidente. O parágrafo de Ann Beattie antes apresenta um outro exemplo de um problema desse tipo. Observe-se que, das duas ocorrências de *drove*, uma foi traduzida como "dirigia", no pretérito imperfeito, e outra como "seguiram", no pretérito perfeito. O inglês, tal como não possui formas separadas que correspondam a "ser" e "estar", também não marca a diferença, para nós crucial, entre os dois aspectos, o imperfeito e o perfeito, duas maneiras de considerar um evento no passado. Relendo o trecho em questão, verificamos que a primeira ocorrência de *drove* refere-se à maneira habitual como Jim dirigia (imperfeito), enquanto a segunda relata um evento no tempo da narrativa, o modo como ele dirigiu (perfeito) num dado momento. Para o falante do português (e de várias outras línguas), essa distinção é *sempre* estabelecida; não há uma maneira neutra entre as duas. Ou bem dizemos "Jim corria muito" (ação habitual de Jim) ou bem dizemos "Jim correu muito" (o que Jim fez num dado episódio sendo relatado). No inglês, porém, *Jim drove fast* pode ser tanto uma coisa como outra; apenas o contexto deixa claro o que se quer dizer. Existe uma maneira especificamente marcada de indicar habitualidade no passado — *Jim used to drive fast* —, mas permanece uma diferença básica entre os dois idiomas: em inglês podemos optar por marcar o aspecto habitual, mas o mais comum é usar a forma neutra *drove* e deixar que o contexto indique se estamos falando sobre um hábito ou uma ação num momento pontual; em português, porém, como já foi dito, não existe uma forma neutra.

Esse mesmo problema foi visto antes, no capítulo anterior, só que no léxico e não na sintaxe, quando observamos que não há em inglês uma palavra que corresponda exatamente ao termo português "cidade". O contrário se dá com a palavra *parent*, palavra inglesa que não tem equivalente exato em português; *parent* significa "pai ou mãe", e a rigor é intraduzível, já que em português ou bem nos referimos ao pai, ou bem à mãe. Digo que a palavra é intraduzível "a rigor" porque, num contexto específico, quase sempre é possível resolver o problema contornando a dificuldade: por exemplo, uma frase contendo o termo *parent* pode muitas vezes ser posta no plural, e aí *parents* pode facilmente ser traduzida como "pais", que se refere aos genitores de ambos os sexos.

Os exemplos do parágrafo anterior ao mesmo tempo apontam para um problema e mostram que a intraduzibilidade é quase sempre relativa: um tradutor experimentado quase sempre encontra uma solução. Quando uma língua possui um item *A* que corresponde, num outro idioma, ora a *M*, ora a *N*, temos, a rigor, um caso de intraduzibilidade: *be* pode corresponder a "ser" ou a "estar"; um verbo inglês no passado simples ora se traduz pelo perfeito, ora pelo imperfeito; *parent* não quer dizer "pai" nem "mãe", e sim algo como "genitor de um ou de outro sexo". Mas o tradutor quase nunca se vê na situação de ter que traduzir um item lexical isoladamente, ou uma frase descontextualizada em que não se pode determinar se o verbo se refere a um hábito ou uma ação: na vida real, o que temos de traduzir são textos, devidamente contextualizados, e com um pouco de experiência não é difícil encontrar uma maneira de saber qual a escolha que deve ser feita.

Ainda no campo do léxico, há uma particularidade do inglês que é uma constante fonte de dificuldades para o tradutor literário. Comentamos, no capítulo anterior, que o vocabulário inglês é bem mais extenso do que o das outras línguas europeias, pois contém um núcleo de termos de origem anglo-saxã e uma periferia de palavras de origem greco-latina (em sua maioria importadas através do francês). Essa periferia lexical contém termos que são mais fáceis de traduzir, por possuírem cognatos na maioria das outras línguas europeias: substantivos como *intelligence* e *architecture*, verbos como *penetrate* e *inspect*, adjetivos como *immortal* e *visible*. O núcleo anglo-saxão, porém, inclui muitas palavras que não possuem equivalente no português e nas outras línguas neolatinas. Já vimos uma delas quando discutíamos verbos de ação — o verbo *stalk*, um monossílabo que pode ser glosado em português mais ou menos como "caminhar de modo rígido e empertigado". O mesmo vai se dar nos campos semânticos referentes à percepção sensorial — visual ou sonora. Veja-se a lista abaixo, de termos vinculados à percepção auditiva:

boom   *crack*
thud   *squelch*
thump   *beep*
splash

Segundo o *Webster's, third, thud* e *thump* têm como acepções o sentido de "som produzido quando se golpeia uma substância ou objeto macio", enquanto *squelch* é "o som de uma substância semilíquida sob o efeito da sucção". Uma frase como *The squelch of boots in the mud* perde todo seu apelo aos sentidos quando a traduzimos, por exemplo, como "O ruído de botas na lama". Para *splash*, o som produzido na água, o português conta com "chapinhar", mas não temos nada de semelhante quando se trata de lama e não água — e, como todos sabemos, os sons produzidos nos dois casos são bem diferentes.

Em relação à percepção visual, a situação é ainda mais complexa. Eis apenas algumas das muitas palavras inglesas usadas para se referir à percepção da luz:

shine   *glance*   *flicker*
gleam   *glow*   *twinkle*
glint   *glare*   *flash*
glitter   *shimmer*   *flare*
glimmer   *sparkle*   *blaze*

Apenas *shine* corresponde ao sentido genérico de "brilhar"; cada uma das outras palavras exprime uma percepção muito específica. *Gleam*, por exemplo, indica "a ocorrência de luz emitida ou refletida de modo suave, como se em meio à escuridão ou na água ou algum outro meio, ou então vista à distância" (*Webster's*), enquanto *flare* é "uma luz ou chama forte e súbita" (*idem*). Ao traduzir uma ocorrência de *gleam* como simplesmente "brilho", por falta de uma palavra mais específica em português, haverá fatalmente uma perda de precisão. Essa perda pode ser compensada pelo uso de adjetivação: por exemplo "brilho suave"; mas nesse caso a tradução ficará mais prolixa que o original, e já comentamos que, para respeitar o estilo do autor, muitas vezes o tradutor é obrigado a ser o mais conciso possível. Aqui, como em tantos outros casos, cada solução tem suas vantagens e suas desvantagens; não há solução ideal.

Poderíamos examinar muitos outros aspectos em que duas línguas podem contrastar, exemplificando com as diferenças entre o inglês e o português, mas passemos agora para um tema que me interessa particularmente: a questão da tradução do diálogo. Na verdade, o problema chamou minha atenção muito antes de eu começar a atuar como tradutor. Leitor voraz desde a infância, a partir do momento em que me tornei bilíngue, por volta dos 10 anos de idade, comecei a perceber uma diferença importante entre os textos de ficção dos dois idiomas: quando lia romances e contos em inglês, as falas dos personagens soavam muito mais naturais do que os diálogos que eu encontrava nos textos ficcionais brasileiros. Minha leitura de *Huckleberry Finn*, aos 12 anos de idade, foi uma revelação. Eu havia tentado ler uma tradução brasileira do romance de Mark Twain pouco antes de ir morar nos Estados Unidos, quando ainda não falava inglês, e deixara-a

81

de lado por achar a leitura tediosa. Agora, tendo aprendido o idioma, devorei o romance no original com sofreguidão. Quando voltei ao Brasil, encontrei na minha estante a versão brasileira que eu havia rejeitado alguns anos antes e, pela primeira vez na minha vida, confrontei um original com sua tradução. Constatei, então, a diferença óbvia entre os dois textos: o Huck Finn de Twain falava como um garoto analfabeto do interior dos Estados Unidos, enquanto o protagonista da tradução usava palavras como "convescote" e formas verbais — como o futuro do pretérito sintético — que as pessoas no Brasil só empregavam na escrita (tal como empreguei "deixara" algumas linhas antes). Dei-me conta de que o principal encanto do texto inglês era o linguajar pitoresco do personagem, e que nada disso fora preservado no texto em português.

Essa descoberta em pouco tempo me levou a outra: havia, no português carioca, uma diferença abissal entre a língua falada e a língua escrita, uma diferença muito maior da que eu constatara entre o inglês falado em Washington, a cidade em que aprendi o idioma, e a língua utilizada pelos escritores norte-americanos que marcaram minha infância — Twain, Nathaniel Hawthorne, Washington Irving, O. Henry e James Thurber. Mesmo lendo os românticos norte-americanos, escritores de um tempo já distante e que muitas vezes não tinham (ao contrário de Twain) nenhuma intenção de reproduzir a fala natural de pessoas comuns, eu sentia uma distância menor entre a fala dos personagens e o inglês que eu ouvira e aprendera a falar do que a que havia entre os diálogos dos romances de José de Alencar, por exemplo, e a fala carioca que eu ouvia a meu redor — embora os personagens de Alencar falassem de lugares como Tijuca e Botafogo, que me eram perfeitamente familiares. Por isso, a descoberta do teatro de Nelson Rodrigues, na adolescência, foi para mim um deslumbramento. Ao ler aquelas peças, pela primeira vez eu encontrava personagens ficcionais brasileiros que falavam tal como falavam meus parentes, meus amigos, eu mesmo; e quando, pouco depois, assisti a uma encenação de uma dessas peças, percebi que muitas vezes a plateia ria não por haver nada de propriamente engraçado no texto, mas apenas por estar ouvindo um ator pronunciar uma palavra, uma forma verbal, uma expressão, que conferia a seu desempenho um toque extraordinário de verossimilhança. Nelson Rodrigues tinha ouvido absoluto quando se tratava de captar as menores nuanças da fala brasileira; e quando comecei a fazer tradução literária a sério, por volta dos 25 anos de idade, fiz questão de reler minhas peças prediletas para tentar aprender com ele a escrever diálogos que soassem verossímeis.

Por que é tão maior a distância entre o registro escrito e o falado no português do Brasil do que no inglês? Creio que o fenômeno se deva às maneiras opostas como os falantes do inglês e os do português encaram (ou, ao menos até recentemente, encaravam) seus respectivos idiomas. De modo geral, para o anglófono, a língua pertence a seus falantes; a função dos dicionários é registrar as palavras que vão surgindo, colhidas pelos jornalistas, pelos romancistas e contistas, pelos roteiristas de cinema e televisão. Do mesmo modo, as gramáticas inglesas se dedicam mais a registrar do que a julgar. É claro que há uma norma culta, só que ela é vista como algo que se aplica apenas aos usos mais formais da língua: ao ensaio, à tese acadêmica, ao compêndio erudito, mas não à fala dos personagens dos romances e dos filmes. É bem verdade que, no início da década de 1960, alguns conservadores atacaram a atitude "permissiva" do *Webster's third new international dictionary*; mas esse dicionário, uma obra de alcance e precisão admiráveis, foi também defendido pela maioria de seus usuários, e em pouco tempo se impôs como referência básica dos dois lados do Atlântico. A intenção dos organizadores do *Webster's* era registrar as palavras que efetivamente se utilizavam nos diferentes registros; legislar a respeito do que era "certo" ou "errado" não era seu papel. Para eles, como para a maioria dos falantes do inglês, o idioma é um organismo vivo, e sua exuberância, sua profusão de dialetos e registros, é prova de vitalidade. Quando uma palavra estrangeira — como *café* ou *paparazzo* ou *kibbutz* ou *samizdat* — começa a ser utilizada nos países anglófonos, ela é logo incorporada ao léxico do inglês, tal como é escrita no idioma original, sem nenhuma tentativa de adaptá-la às normas ortográficas inglesas; até porque a ortografia do inglês, que há séculos não é reformada, é muito caótica.

A atitude tradicional dos brasileiros em relação à língua portuguesa é muito diferente, embora — vale a pena notar — ela tenha mudado nas últimas décadas, por obra dos escritores e jornalistas progressistas e de linguistas militantes, como Marcos Bagno. Mas até meados dos anos 1960 (a época em que fiz meu cotejo da tradução de *Huckleberry Finn*) a visão dominante era mais ou menos esta: a língua portuguesa, a última flor do Lácio, era uma plantinha tenra e delicada, que tinha de ser cuidadosamente *protegida* de seus usuários. Ela não pertencia a nós, brasileiros comuns; pertencia aos portugueses, ou talvez aos grandes escritores portugueses e brasileiros mortos há no mínimo meio século, ou aos gramáticos e lexicógrafos e professores de português, aos quais cabia a tarefa de preservá-la em seu estado de pureza original. Segundo essa concepção de língua, o português tivera um "momento" de perfeição, um período lendário ao qual pertenciam todos juntos, anacronicamente, Camões, Machado de Assis, Camilo Castelo Branco e Olavo Bilac; depois desse período lendário, porém, a língua começara a ser massacrada, conspurcada, deturpada — por brasileiros, por analfabetos, por imigrantes africanos e levantinos e italianos; se não fosse o poder da escola e dos gramáticos de plantão, a língua sofreria tal processo de decadência que em breve acabaríamos todos guinchando como animais. (Não estou exagerando nem caricaturando: ouvi mais de um professor de português na escola secundária fazer afirmações desse tipo, em sala de aula.) Essa visão de um idioma e de sua relação com os falantes traía não apenas uma atitude profundamente preconceituosa — racista e xenófoba — mas também uma total ignorância de questões linguísticas. A leitura dos livros infantis de Monteiro Lobato (creio que *Gramática da Emília*, em particular) me incutiu a ideia subversiva de que, se o latim vulgar era uma versão decaída do latim clássico, então o português era a deturpação de uma deturpação; nesse caso, nunca houvera uma versão "pura", original, do português. Assim, por que encarar as deturpações mais recentes como piores do que as de antigamente? Afinal, os descendentes dos latinos — nós, falantes do português, espanhol, italiano, francês — não estávamos guinchando nem latindo, mas falando, apesar de termos "corrompido" o latim puríssimo de Cícero. Mas foi o contato com o inglês, por volta dos 10 anos de idade, que me conscientizou do que havia de tacanho e irracional nessa visão tradicional do idioma — principalmente quando me dei conta de que muitos norte-americanos consideravam como o romance mais importante de sua literatura justamente *Huckleberry Finn*, uma narrativa em primeira pessoa de um garoto analfabeto, que violava todas as regras da norma culta. Percebi então que tudo aquilo que a escola primária me apresentara como "erros" do português, como sinais de "decadência", correspondia precisamente àquilo que os norte-americanos valorizavam como testemunho de força e vitalidade da língua inglesa.

A consequência fatal dessa visão tradicionalista, incutida nas crianças e adolescentes da minha geração — e, mais ainda, imagino, nas gerações anteriores —, foi fazer com que se tornasse quase impossível para os brasileiros escrever diálogos verossímeis. Os escritores eram obrigados a fazer uma escolha de Sofia: ou bem punham nas bocas de suas personagens coisas como "Vi-o ao chegar ao escritório", desse modo abrindo mão de qualquer pretensão de verossimilhança, ou bem escreviam algo como "Eu vi ele quando cheguei no escritório" e se expunham a acusações ferozes dos defensores da pureza do português, e até mesmo à rejeição dos próprios leitores. Normalmente, o medo de "escrever errado" falava mais alto, e os impedia de produzir diálogos que soassem naturais. Ainda que em menor grau que antes, até hoje esse fator prejudica o trabalho de nossos ficcionistas — e, com mais razão ainda, dos tradutores literários. Assim, o problema que se coloca, para o escritor ou tradutor de literatura que trabalha com o português brasileiro, é conseguir escrever diálogos que proporcionem ao leitor um certo *efeito de verossimilhança*. O que se quer dizer com isso?

Examinemos bem a expressão "efeito de verossimilhança". Trata-se de um *efeito*, algo que é conscientemente obtido através de recursos textuais; e trata-se de *verossimilhança*, ou seja, algo que *parece* real, sem necessariamente ser. Porque a transcrição nua e crua de um trecho de fala real não resolveria o problema. Para entender por que, basta folhear algum trabalho de linguística que contenha transcrições de conversações: na vida real, falamos por frases incompletas, com uma sintaxe totalmente fraturada, com redundâncias e lacunas. No contexto de uma interação face a face, em que os falantes recorrem também a expressões faciais e gestos, essas falas truncadas e incompletas, que causam tanta estranheza quando transcritas em letra de fôrma, são recebidas com perfeita naturalidade. Em outras palavras: a transcrição de uma fala real *não* funcionaria em termos de verossimilhança, por mais paradoxal que isso possa parecer. O trabalho do ficcionista e do tradutor de ficção é criar *artificialmente* — através dos recursos da arte de escrever diálogos — a impressão de que o que se está lendo é a fala real de um personagem. Para que o efeito funcione, o diálogo não deve parecer estranho ao leitor — isto é, não deve se afastar demasiadamente de algumas convenções da linguagem escrita; ao mesmo tempo, como já vimos, não deve se ater demais a elas, a ponto de fazer com que o leitor reaja tal como reagi, na infância, ao me deparar com um Huckleberry Finn falando um português tão impecável quanto o de Jânio Quadros (um personagem do mundo real que me fascinava, na minha infância, por sua maneira absolutamente inverossímil de falar). Assim, o escritor/tradutor precisa identificar certas marcas textuais que criem esse efeito de verossimilhança, essa impressão de que estamos lendo a fala de uma pessoa. A essas marcas daremos o nome de *marcas de oralidade*.

Antes, porém, de examinarmos algumas dessas marcas, é preciso definir com mais precisão o que se entende por *oralidade*. Para isso, há que distinguir com cuidado três sentidos possíveis da palavra "errado" tal como ela era (e ainda é, infelizmente) utilizada, na expressão "falar errado", por adeptos da visão tradicional do português como uma frágil flor de estufa a ser protegida de seus falantes. Sejam os três exemplos abaixo:

(3) Eu não fazi nada de errado.

(4) Os menino chegou cansado.

(5) Eu vi ele quando cheguei no escritório.

A rigor, (3) é o único exemplo de *erro de linguagem*, no sentido estrito do termo; o falante que usa a forma "fazi" ainda é um aprendiz de português — uma criança em fase de aquisição da linguagem, ou um estrangeiro aprendendo o idioma. Assim, para marcar a fala de uma criança bem pequena, o escritor ou tradutor pode utilizar "fazi" para dar verossimilhança à sua personagem, mostrando que ela está em fase de aprendizagem. Já (4) não contém exatamente um erro de português; o que temos aqui é uma variante do idioma considerada *subpadrão* — ou seja, habitualmente empregada por pessoas com pouca ou nenhuma instrução formal. Nessa variedade do português, utiliza-se a marca do plural apenas no primeiro elemento da frase — no caso, o artigo *os* — enquanto os termos que se seguem — o núcleo do sujeito, *menino*, o verbo *chegou* e o predicativo *cansado* — permanecem no singular. Esse tipo de concordância pode ser usada por um escritor ou tradutor como marca de fala subpadrão, para indicar que o personagem em questão não tem instrução formal. Em (5) temos *marcas de oralidade* propriamente ditas: três estruturas que podem ser encontradas na fala de qualquer brasileiro, com qualquer nível de instrução, mas que dificilmente seriam empregadas na escrita. São elas: o uso redundante do pronome sujeito ("eu" é redundante porque "vi" já especifica que o sujeito é da primeira pessoa do singular); o uso do pronome reto "ele" em posição de objeto; e o uso da preposição "em" em vez de "a" com o verbo "chegar". Examinaremos cada uma dessas marcas mais adiante.

Uma vez estabelecida com clareza a diferença entre esses três tipos de aspectos da linguagem habitualmente designados como "erros de português", vamos nos concentrar no terceiro tipo — os que caracterizam a linguagem coloquial. A questão é: que marcas podem ser utilizadas por um tradutor literário? A partir daqui, precisamos distinguir o trabalho do escritor — romancista, roteirista, dramaturgo — do ofício do tradutor literário. Há toda uma série de marcas de oralidade que podem ser utilizadas pelo escritor, mas não pelo tradutor. Para esclarecer esse ponto, vejamos um trecho do conto "Batalha", incluído no livro *Aberto está o inferno*, de Antonio Carlos Viana (p. 90-1). Não se trata propriamente de um diálogo, mas de uma narrativa em primeira pessoa, em que a prosa tenta criar o efeito de que quem está falando é uma mulher de condição social humilde.

> Uma vontade de ir lá dentro, esculhambar com ele, chamar de tudo que é nome, mas sou educada, não ia fazer isso. Um fodido que nem eu. Continuei caminhando pelo mercadinho, toda sem saber o que fazer, uma vontade de comer biscoito de chocolate, acho que de desejo, e nem um conto na bolsa, só o dinheiro da condução. Foi naquela hora que tomei a decisão, acabar com essa história. Ele não ia mesmo mais querer saber de mim, dinheiro não tinha, vai ver ganha salário mínimo que nem eu, me deu vontade de xingar ele ali, de comedor de empregada pra baixo. Mas não ia adiantar nada mesmo... Eu já ando desesperada, um sono da peste, nunca pensei que barriga desse tanto sono, minha patroa acho que já está desconfiada. Me viu vomitando umas duas vezes. Ainda pensei voltar pra casa dos meus pais e ter essa criança e depois deixava lá no carrinho do supermercado pra ele criar. Esses pensamentos malucos que passam pela nossa cabeça.

Temos aqui várias marcas de oralidade que podem ser utilizadas por qualquer ficcionista ou tradutor literário, e que vamos retomar mais adiante; mas por ora quero me deter numa em particular, que embora constitua um achado na mão de um escritor seria provavelmente rejeitada por um tradutor. Refiro-me à expressão "da peste", que modifica "sono" na passagem. Essa expressão intensificadora é característica do Nordeste brasileiro; ou seja, é não apenas uma marca de oralidade como também uma *marca dialetal*. Ora, Viana, um escritor sergipano, tem todo interesse em marcar seu texto não apenas como oral mas também como a fala de uma personagem sergipana. Porém se Viana (que também é tradutor) estivesse, em vez de escrevendo um conto, traduzindo um romance francês passado em Paris, ele provavelmente não escreveria "um sono da peste". Um leitor do Rio de Janeiro, ou de São Paulo, ou de Curitiba, ou de Porto Alegre, ao ler uma tradução de um romance francês, se encontrasse a passagem "um sono da peste" provavelmente reagiria com estranheza: por que diabos essa personagem parisiense está falando como uma nordestina? Pessoalmente, devo confessar que a ideia de fazer um personagem interiorano francês falar um dialeto interiorano brasileiro me parece perfeitamente razoável. O problema é que tenho a impressão de que os leitores, de modo geral, não a aceitariam. Mas é perfeitamente possível que no futuro tradutores de uma outra geração, mais ousados do que eu, comecem a utilizar soluções assim, e aos poucos os leitores passem a aceitá-las, tal como hoje aceitam a colocação de um pronome átono no início de uma frase.

Recapitulemos: as marcas de oralidade devem criar no leitor a *ilusão* de que o texto em que elas aparecem é a fala de uma pessoa. Porém se o texto causar uma estranheza excessiva, afastando-se demasiadamente da expectativa do leitor, o efeito de oralidade será destruído. Mais ainda: tratando-se de um texto traduzido, as marcas devem ao mesmo tempo criar o efeito ilusório de que o texto é a fala de uma pessoa em português brasileiro, porém não evocar nenhuma região do Brasil em particular. A rigor, isso é impossível: não existe um português brasileiro genérico, mas apenas dialetos regionais. Porém há uma solução para esse problema. Boa parte da produção audiovisual brasileira — as novelas e os seriados de televisão, a música popular — é criada nos estados de São Paulo e Rio de Janeiro. Os filmes estrangeiros dublados em português quase sempre utilizam dubladores que falam os dialetos das capitais de um desses dois estados da região Sudeste. Assim, o brasileiro de qualquer região já está habituado a ouvir os dialetos do Sudeste na televisão, no cinema, no rádio, nos discos; as gírias cariocas e paulistanas são rapidamente veiculadas pela mídia por todo o país. Por esse motivo, se o tradutor utilizar apenas marcas de oralidade que caracterizem tanto o Rio quanto São Paulo — evitando as marcas paulistanas que causam estranheza no Rio e os carioquismos que são identificados como tais em São Paulo — seu texto será aceito com naturalidade não apenas no Sudeste como também em todo o resto do país. A tarefa não é difícil; ao contrário do que pensam muitos cariocas e paulistanos, os dialetos das duas maiores cidades do Brasil são relativamente próximos, se comparados com os de Salvador ou Porto Alegre ou Belém ou Curitiba.

Esta minha proposta, eu sei, será acusada por alguns de etnocêntrica: com que direito eu, que sou carioca, elejo o dialeto do Sudeste como "neutro"? Mas o fato é que não consigo ver outra alternativa. A ideia de só usar coloquialismos que sejam usados em todo o Brasil, de sul a norte, esbarra num obstáculo sério: em muitos casos, não há um termo genérico comum a todos os dialetos. Para traduzir a palavra *kite*, por exemplo, tenho que usar ou "pipa", ou "papagaio", ou "cafifa" ou "pandorga"; mas nenhuma destas palavras é usada em todo o Brasil: sou obrigado, portanto, a escolher uma. Outra opção imaginável — utilizar uma democrática mistura de coloquialismos de todo o Brasil, um do Sul aqui, outro do Nordeste ali — implicaria dois problemas: exigiria que o tradutor conhecesse vários dialetos brasileiros por experiência própria, já que infelizmente não dispomos de bons dicionários de coloquialismos; e criaria dificuldades para os leitores — por exemplo, o leitor do Sul a toda hora enfrentaria problemas de compreensão referentes a termos coloquiais do Norte e do Nordeste. Assim, embora consciente de que a solução não é perfeita, a meu ver o melhor que se pode fazer é trabalhar com os coloquialismos do Sudeste.

Passemos, pois, a apresentar algumas marcas de oralidade que me parecem recomendáveis para os tradutores literários, discutindo suas vantagens e desvantagens relativas. Em primeiro lugar, há que distinguir três tipos de marcas: *fonéticas*, *lexicais* e *morfossintáticas*. Na passagem do conto de Antonio Carlos Viana vamos encontrar poucas marcas fonéticas: duas ocorrências da forma "pra", que registra graficamente a tendência brasileira a não pronunciar a primeira vogal da preposição "para". Na literatura de língua inglesa, o uso de marcas fonéticas — tanto para assinalar a oralidade quanto para indicar que a fala de uma personagem é subpadrão — é muitíssimo comum; mas os escritores brasileiros não costumam utilizar esse tipo de marca. "Pra" e "né" são praticamente as únicas que podem ser encontradas nos diálogos da maioria dos escritores; outros — como Dalton Trevisan, por exemplo — utilizam também formas reduzidas de verbos auxiliares, como "tá" e "tava". O fato de que não temos uma tradição muito forte de usar marcas fonéticas de oralidade na nossa literatura desaconselha seu uso em traduções; como já vimos, a boa marca de oralidade não deve causar estranheza, e o uso de marcas fonéticas que não as três ou quatro que se popularizaram terá a consequência indesejável de atrair a atenção do leitor, destruindo a delicada ilusão que é o efeito de oralidade. Todo efeito de verossimilhança depende de um cálculo muito preciso; basta uma única nota dissonante, um passo em falso, para que ele desapareça.

No fragmento do conto de Viana, temos algumas marcas lexicais: "esculhambar", "fodido" e "comedor", um substantivo formado a partir do verbo "comer" com sentido sexual; e constitui marca lexical de coloquialidade também a palavra "conto" na acepção de "unidade do sistema monetário". Nesse ponto, novamente podemos estabelecer uma distinção entre marcas de oralidade que podem ser empregadas tanto por escritores quanto por tradutores e aquelas que normalmente só os primeiros podem usar: refiro-me às *gírias*. Uso o termo "gíria" com o sentido bem restrito. Constituem *gírias* as palavras e expressões que são usadas por grupos claramente definidos, e que são pouco utilizadas por pessoas que não pertencem a eles, sendo em muitos casos até mesmo desconhecidas por elas. A gíria tende a ser efêmera; depois de algum tempo ou bem ela desaparece sem deixar vestígio ou bem ela passa a ser usada por toda a população, caso em que deixa de ser gíria no sentido estrito e passa a ser um *coloquialismo*. Todos os itens lexicais mencionados neste parágrafo são coloquialismos; "conto", por exemplo, já sobreviveu a diversas reformas monetárias no Brasil, e é usado em todas as regiões do país, até mesmo por pessoas cujos pais ainda nem eram nascidos no tempo em que a expressão "conto de réis" se referia a uma unidade monetária vigente.

Vejamos alguns exemplos, para esclarecer bem a diferença entre gíria e coloquialismo lexical. Quando eu era jovem, por volta do final dos anos 1960 e início dos 1970, havia uma gíria empregada pelos surfistas da minha cidade, o Rio de Janeiro. A palavra pronunciava-se algo assim como /'hawli/; encontrei-a no *Wikcionário* com a grafia "haule". Ela designava o não surfista, o *outsider* do mundo do surfe. Não sei se os surfistas de hoje, adolescentes e jovens que nem eram nascidos naquela época, ainda usam o termo; se isso de fato ocorre, será um caso (relativamente raro) de gíria que perdura como tal — isto é, sem virar coloquialismo, restrita ao grupo inicial — há várias décadas. Bem mais comum é o caso do verbo "curtir" com o sentido de "gostar, desfrutar, fruir". No tempo da minha juventude, era uma gíria restrita ao mundo dos jovens que utilizavam drogas, com o sentido de "experimentar sensações de êxtase, prazer etc. propiciadas pelo uso de droga(s)" (é a acepção de número 9 do verbete "curtir" no *Dicionário Houaiss*). Mas em pouco tempo essa acepção do verbo se generalizou, e as pessoas começaram a falar não apenas em "curtir um barato" como também em "curtir um filme", "curtir um show". Esse termo coloquial se popularizou de tal modo que não é difícil imaginar que num futuro não muito distante deixe de ser um coloquialismo e se torne aceitável em qualquer registro; de fato, já ouvi mais de um conferencista falar em "curtir uma obra de arte" num contexto mais formal, e é bem possível que a palavra já tenha sido utilizada na escrita acadêmica, sem aspas (pois uma das funções das aspas é indicar que estamos conscientemente usando uma palavra ou expressão imprópria no registro formal). De uma maneira ou de outra, pois, a gíria, enquanto tal, tende a ser efêmera: ou bem ela cai em desuso ou bem ela se torna um coloquialismo. Assim, quando o tradutor opta por utilizar um termo de gíria, ele precisa estar consciente do fato de que sua tradução corre o risco de ficar datada mais cedo. Por isso, a menos que o texto original tenha como uma de suas principais qualidades o uso intensivo de gírias, é mais seguro traduzir os eventuais termos de gíria encontrados por coloquialismos já estabelecidos, como os itens lexicais utilizados por Viana na passagem transcrita anteriormente.

Mas as melhores marcas de oralidade são, de longe, as morfossintáticas. Voltando ao trecho do conto de Antonio Carlos Viana, vamos encontrar muitas marcas desse tipo; para citar apenas duas, temos "xingar ele", o uso do pronome reto em posição de objeto, e "me viu", o uso de pronome átono em início de oração. Também devemos considerar como tais o uso de expressões gramaticais restritas à fala, como "que nem" com o sentido de "tal como" e "vai ver" na acepção de "talvez", ambas usadas no trecho de Viana. As marcas morfossintáticas são as melhores por vários motivos. Em primeiro lugar, as características da sintaxe oral do português brasileiro variam relativamente pouco de uma região a outra, se comparadas com as peculiaridades fonéticas e lexicais dos diferentes dialetos. Os exemplos colhidos no conto de Viana que acabo de citar mostram isso muito bem. O uso de construções como "xingar ele" é generalizado em todo o Brasil, de sul a norte; e a tendência a preferir a próclise à ênclise — ou seja, a colocar o pronome átono antes e não depois do verbo — também é um brasileirismo notório que independe de variações dialetais. O mesmo se aplica a "que nem" e "vai ver". Em segundo lugar, essas marcas tendem a perdurar muito mais do que as lexicais. As gírias são efêmeras, e muitos dos coloquialismos de hoje não existiam meio século atrás; mas todas as marcas morfossintáticas discutidas neste parágrafo são muito antigas: assim, os portugueses que vieram para o Rio de Janeiro com a corte portuguesa em 1808 já comentavam em suas cartas que os brasileiros diziam coisas como "xingar ele". Por esses motivos, são essas as marcas mais úteis para o tradutor literário, pois elas permitem dar uma aparência de verossimilhança ao diálogo sem se comprometer com variantes dialetais e diacrônicas específicas do português brasileiro — ou seja, marcam um texto como fala sem situá-lo no espaço nem no tempo. Vale a pena, pois, examinar com mais atenção algumas dessas marcas.

O sistema de tempo, modo e aspecto. Como os linguistas já demonstraram há muito tempo, o português brasileiro possui dois sistemas de tempo, modo e aspecto, bem diferentes: um para a língua formal e escrita, e outro para a língua informal e falada. Nos pares a seguir, o primeiro elemento é um exemplo de texto escrito formal, sendo o segundo sua "tradução" para a fala coloquial:

(6) (a) Eu já falara com ele.
    (b) Eu já tinha falado com ele.
(7) (a) Eles chegarão amanhã.
    (b) Eles vão chegar amanhã.
(8) (a) Quando cheguei, Maria dormia.
    (b) Quando eu cheguei, a Maria estava dormindo.

De modo geral, podemos dizer que algumas formas verbais sintéticas (i.é., expressas por um único vocábulo), como o pretérito mais-que-perfeito e o futuro do presente, na fala tendem a ser substituídas por formas analíticas (i.é., que utilizam um auxiliar e um verbo principal). O mais-que-perfeito sintético, exemplificado em (6a), é praticamente impossível de ser encontrado na fala coloquial brasileira; uma pessoa que tente usá-la numa conversa informal certamente causará espanto: seus interlocutores tenderão a pensar ou que ela não é uma falante nativa ou então que ela é insuportavelmente pedante. Do mesmo modo, o escritor ou tradutor que

utilize essa forma num diálogo destruirá o efeito de verossimilhança de modo irremediável. O futuro do presente, ainda
que ocorra algumas vezes — principalmente em construções
como "Será que...?" e "O que será?" —, também é pouco empregado na fala brasileira; e o imperfeito no sentido de "ação
em andamento num momento dado", exemplificado em (8a),
também soa literário e artificial no Brasil. Recomenda-se o
uso das formas analíticas em diálogo sem contraindicações,
até porque elas são perfeitamente aceitáveis também na escrita formal.

E já que estamos falando em formas verbais, aqui talvez
seja o lugar de observar que uma boa marca de oralidade é
substituir o verbo "haver", no sentido existencial, por "ter":
"Tinha duas pessoas na sala" em vez de "Havia duas pessoas
na sala".

O sistema de pessoa-número e formas de tratamento. Das marcas morfossintáticas, esta é uma das poucas que não são
uniformes em todo o território brasileiro, admitindo muita
variação regional. O sistema que vou descrever a seguir é o
utilizado no Sudeste, cujo dialeto, pelos motivos expostos
antes, é o mais indicado para ser adotado pelo tradutor literário. Trata-se de um sistema bastante complexo e instável,
que vamos tentar esboçar.

Podemos dizer que o sistema tradicional, ainda empregado em algumas regiões do Brasil, estabelecia uma oposição
entre três formas: "tu", íntima, a forma clássica da segunda
pessoa do singular; "o(a) senhor(a)", deferencial; e uma forma
neutra, isto é, que não marcava nem intimidade nem uma
relação de deferência entre os interlocutores: neste caso
usava-se "você", a qual, tal como "o senhor", vinha associada
a formas verbais e pronominais da *terceira* pessoa do singular.
Eis alguns exemplos:

(9) Tu trouxeste o livro?

(10) A senhora trouxe o livro?

(11) Você trouxe o livro?

No Sudeste brasileiro, porém, desapareceu a oposição entre forma íntima e forma neutra — apenas o caso deferencial continua se distinguindo da forma não marcada — e houve uma mistura das formas de segunda e terceira pessoa do singular. O pronome reto quase sempre é "você", embora "tu" apareça ocasionalmente, em contextos muito informais; o verbo vai quase sempre para a terceira do singular; o possessivo é ora "seu", ora "teu"; o objeto direto ou indireto é quase sempre "te". Vejamos alguns exemplos.

(12) Você trouxe o seu livro?

(13) Você trouxe o teu livro?

(14) Você trouxe o livro que eu te dei?

(15) Você trouxe o livro que eu dei a você?

(16) Tu trouxe o teu livro?

As frases (12) e (15) exemplificam as formas mais utilizadas na fala coloquial no Sudeste. A estrutura (16) — pronome "tu" com verbo na terceira do singular — tende a aparecer apenas na fala de jovens em situações muito informais, mas (13) e (14) são bem comuns na fala de pessoas de qualquer faixa etária, nível de instrução e classe social. Como a mistura de "tu" com "você" pode causar estranheza em alguns leitores que tiveram uma formação gramatical mais tradicionalista, o tradutor pode optar por usar (12) em vez de (13), já que ambas são utilizadas na fala coloquial e (12) tem a vantagem de também ser compatível com a norma padrão. Examinemos em particular o exemplo (14). Aqui "te" é praticamente a única opção possível na fala coloquial, pois a forma "lhe", pouco usada na fala, bem como a forma "o/a", empregada ainda mais raramente, quando por acaso surgem no discurso falado quase invariavelmente remetem a uma terceira pessoa. Assim, se o tradutor optar por evitar misturar as formas de tratamento, será melhor utilizar (15), em que não é obrigado a escolher uma de duas opções problemáticas: ou misturar formas de tratamento, que poderá causar rejeição em alguns leitores, ou usar "lhe", que pode enfraquecer o efeito de oralidade e mesmo gerar ambiguidade semântica. Quando comecei a atuar como tradutor, no início dos anos 1970, eu evitava sistematicamente a mistura de "tu" com "você", porque sabia que os revisores das editoras iriam alterar minhas soluções; hoje em dia, porém, o tabu contra a mistura é bem menor, e tenho usado estruturas como (13) e (14) sem maiores problemas.

Um caso particularmente complexo do sistema de pessoa-número é o uso das formas do imperativo. Os verbos *ser*, *estar* e *ter* são sempre usados na terceira do singular: "seja", "esteja" e "tenha"; mas no caso dos outros verbos a escolha da forma envolve uma sutileza peculiar. O falante tem a sua disposição duas formas, a de segunda pessoa e a de terceira pessoa — por exemplo, "abre" e "abra", no caso de *abrir*. A tendência normal é usar-se a forma de segunda pessoa; o emprego da forma de terceira pessoa é quase sempre marcado: trata-se de uma opção mais formal, que só é utilizada numa situação cotidiana quando o falante quer se colocar numa posição hierarquicamente superior ao ouvinte. Sejam os dois exemplos abaixo:

(17) Abre a porta, meu filho.
(18) Abra já essa porta, Rodrigo!

A forma de segunda pessoa, (17), é a que uma mãe ou um pai utilizaria em circunstâncias normais para pedir ao filho que destranque a porta de seu quarto. A forma de terceira pessoa, (18), é claramente uma ordem: a mãe ou o pai está apelando para sua autoridade parental.

O uso do pronome reto na posição de objeto. Como já foi observado, temos aqui uma marca característica do português brasileiro falado. Um tabu pesado, porém, recai sobre essa forma, que mais ainda do que a mistura de "tu" e "você" é considerada um "erro crasso" na escrita, muito embora praticamente todos os falantes de português brasileiro, de qualquer região, qualquer classe social e qualquer nível de instrução, a utilizem cotidianamente. É tão arraigado o preconceito contra esse uso do pronome reto que até Mário de Andrade, que tantos brasileirismos acolheu na sua escrita, escreveu a Manuel Bandeira, condenando a forma "Encontrei ele doente": "Não tem língua nenhuma em que o pronome sujeito se use assim como complemento" (*Correspondência Mário de Andrade & Manuel Bandeira*, org. de Marcos Antonio de Moraes, p. 184). (Observe-se que Mário usa "ter" em vez "haver" em sentido existencial, uma boa marca de oralidade, como já comentamos.) Mais recentemente, porém, os escritores brasileiros têm empregado tais construções nas falas de seus personagens, como vimos no exemplo "xingar ele", extraído do conto de Antonio Carlos Viana; não seria difícil colher muitos outros exemplos nas obras de autores da mesma geração que Viana, como Cristovão Tezza, e nas de ficcionistas mais jovens, como André Sant'Anna. Com o passar do tempo, o tabu contra o pronome reto em posição de objeto tende a cair.

Uso redundante de pronome sujeito. Ainda no capítulo dos pronomes: na escola, todo brasileiro aprende que se deve evitar o uso do pronome sujeito quando ele é redundante, por ser determinado pela forma verbal. Assim, devemos escrever "Estive em São Paulo" e não "Eu estive em São Paulo", já que a forma *estive* deixa claro que o sujeito é a primeira pessoa do singular; admite-se o pronome apenas em formas verbais como "estava" ou "soube", que são comuns à primeira e à terceira pessoa, para evitar ambiguidade. Mas quando se trata de obter um efeito de oralidade, é importante que o pronome seja explicitado, pois é assim que procedemos na nossa fala cotidiana: "Eu falei pra ele que eu ia amanhã." Mais uma vez, há que levar em conta que *efeito de oralidade* não é a mesma coisa que *transcrição da fala oral*; se o tradutor repetir os pronomes a ponto de incomodar o leitor, de nada adiantará argumentar que as pessoas de fato falam assim. A boa marca de oralidade é aquela que provoca um efeito de verossimilhança sem chamar demais a atenção para si própria.

Próclise em vez de ênclise. Como já vimos, de modo geral o brasileiro quando fala tende a antepor o pronome clítico ao verbo, enquanto as regras da norma culta, que seguem o padrão lusitano, prescrevem a ênclise em muitos casos. Neste ponto, poderíamos entrar numa discussão detalhada das diferentes possibilidades, contrastando a fala brasileira com a norma culta, mas talvez o mais *prático seja simplesmente* aconselhar o tradutor a seguir seu ouvido. Em outras palavras: ao traduzir (ou escrever) diálogo, o tradutor deve ler em voz alta a passagem, com a entoação natural, e deixar que seu ouvido determine qual é a forma mais usada. Na grande maioria das vezes, é a forma proclítica — "Minha irmã me deu um presente" e não "Minha irmã deu-me um presente" —, mesmo quando isso implica iniciar uma oração com o pronome: "Me disseram que você vai se mudar." E já que citamos "se mudar", cabe aqui uma observação: no caso de muitos verbos pronominais, a tendência no Brasil é de suprimir o pronome. Em lugar de "O João casou-se" ou "O João se casou", cada vez mais se diz simplesmente "O João casou." Em estruturas como essa, a omissão do pronome é uma ótima marca de oralidade.

Uso de artigo definido antes de nome próprio. Esta marca — tal como o sistema de pessoa-número e os pronomes de tratamento — não funciona em todo o território nacional, mas é mais a regra do que a exceção. Na maioria dos falares brasileiros, tende-se a usar artigo definido antes de nome próprio, quando se trata de referências a pessoas próximas aos interlocutores ou bem conhecidas por eles: "Vou na casa da Maria", "Estive com o Antônio ontem". A prática é generalizada na maior parte do Sudeste, do Sul e do Norte (e também em Portugal), mas não no Nordeste.

Uso do nome singular sem artigo em referência genérica. Na fala brasileira, a maneira mais comum de fazer uma afirmação de caráter genérico é utilizar o substantivo no singular sem artigo. É o que vemos claramente nas expressões que manifestam preconceitos fartamente difundidos na sociedade: "Brasileiro não tem jeito mesmo." "Mulher é tudo igual." Trata-se de uma clara marca de oralidade; na escrita, frases como essas assumiriam uma forma diferente, com artigo definido, no singular ou no plural: "O brasileiro é um caso perdido" ou "As mulheres são todas iguais".

Uso do singular para se referir a um par. São comuns estruturas como "Vá lavar essa mão, menino!" e "Andei tanto que meu pé está arrebentado", em que a referência clara é às mãos ou aos pés. Os nossos melhores cancionistas, com seu ouvido infalível para a fala brasileira, captaram esse fenômeno há muito tempo, como Ary Barroso em "Camisa amarela", composição de 1939:

O meu pedaço estava ruim de fato
Pois caiu na cama
E não tirou nem o sapato

Terá talvez sido por meio de um processo análogo que o termo "calças", tradicionalmente usado no plural, tende a ser empregado cada vez mais no singular, forma que já é aceita até mesmo na escrita, no registro mais formal. O caso de "óculos" é um pouco mais complicado. Tal como "calças", a forma tradicional é plural — "Meus óculos estão sujos" — mas na fala duas formas são também empregadas: "Meu óculos está sujo" e "Meu óculo está sujo". A segunda, creio que menos comum, parece repetir o processo ocorrido com "calças", enquanto a primeira reclassifica "óculos" como uma palavra semelhante a "lápis", em que o s final não é encarado como marca de plural. Ambas essas formas são restritas à fala coloquial, e portanto podem ser usadas como marcas de oralidade.

A dupla negativa. A partícula negativa "não", quando anteposta ao verbo, aparece numa posição em que o acento tende a recair no verbo e não nela. Assim, numa frase como "não quero", o que normalmente se ouve é algo assim como "num quero", e na fala mais rápida apenas "n'quero". Para enfatizar a negativa, que pode passar despercebida nessa posição de atonia, na língua falada é comum colocar-se uma outra partícula negativa em posição final, onde ela possa receber acento primário e portanto ser ouvida com clareza: "Não quero, não"; "Ela não gostou, não".

Uso de "que" após pronome interrogativo e conjunção integrante. Outra marca característica do português falado em todo o Brasil é a colocação de um "que" sintática e semanticamente redundante após o pronome interrogativo e a conjunção integrante: "Quando que ele vem?" "Eu não sei como que ele consegue." Nesses casos, quando aparecem duas ocorrências justapostas de "que", a primeira é tônica e a segunda é átona: "O quê que você falou?" Também é comum inserir-se nesses casos a expressão "é que" ou "foi que": "Quando é que ele vem?" "O que foi que você falou?"

Uso não canônico de preposições. Numa carta a Drummond, Mário de Andrade elogia o poeta mais jovem por ter escrito, no poema "Nota social", o seguinte verso: "O poeta chega na estação". Para Mário, observa Eucanaã Ferraz, o verso era "um exemplo de escrita sem artificialidade, mais próxima da fala, ou, ainda, da gramática brasileira" (*Alguma poesia: o livro em seu tempo*, p. 14). Mas Drummond, ao ler a carta de Mário, ficou preocupado, e respondeu que ia corrigir "o erro". Em sua resposta, Mário reagiu com tamanha veemência que, quando o poema foi publicado, primeiro num jornal, depois em livro, a forma usada foi mesmo a recomendada por Mário e criticada pelos gramáticos tradicionais. Esse episódio ilustra bem os tabus linguísticos associados às formas sintáticas características da fala coloquial brasileira. Parece haver uma tendência na nossa linguagem oral a substituir a preposição *a* por outras em diversas circunstâncias: *em* no caso de *chegar*, e *para* ou *em* no caso de *ir*: "Eu vou pra Belém", "Eu fui na casa do Pedro". Na fala, prefere-se *para* antes de nomes de lugares — bairros, cidades, estados, países — e *em* antes de expressões como "casa de Fulano", "o escritório", "a loja". A distinção entre "ir a Belém" e "ir para Belém", em que a primeira forma implicaria uma rápida viagem de ida e volta enquanto a segunda indicaria uma estada mais duradoura ou mesmo permanente, só se verifica na linguagem formal. Também é comum substituir *a* por *para* com o verbo

dar: "Eu dei o presente pra ele, não pra você." Outra pecu-
liaridade do uso de preposições é a divisão de trabalho que
se dá entre *de* e *com* em descrições de indumentária: usa-se
de para indicar um tipo de roupa e *com* quando se apresenta
uma descrição de um traje específico. Assim, dizemos "Ela
estava *de* calça" — isto é, trajando calças e não um vestido
ou uma saia — porém dizemos "Ela estava *com* uma calça
tipo *jeans*, preta, bem justa, com uns remendos e uns rasgões
de enfeite".

Palavras e expressões gramaticais restritas à fala. O português
do Brasil conta com algumas palavras e expressões gramaticais que só aparecem na fala coloquial, sendo sempre evitadas
na escrita mais formal; assim, elas funcionam como marcas
de oralidade. Eis algumas delas:

- *Que nem* e *igualzinho a*: duas expressões que substituem
  a conjunção *como*.
- *Vai ver (que)*, *quem sabe* e *de repente*: substituem *talvez*, não
  levando o verbo ao subjuntivo: cf. "Talvez ele esteja
  doente" e "Vai ver (que) ele está doente". Como o subjuntivo é cada vez mais evitado na fala brasileira, os
  falantes evitam *talvez* para não se sentirem obrigados a
  empregar formas subjuntivas. Dessas três formas, as
  duas primeiras são antigas e de larga utilização na maior
  parte do território brasileiro. Já o emprego de *de repente*
  com a acepção de "talvez" é bem mais recente — creio
  que data da década de 1970 — e é possível que ainda
  cause estranheza fora do Sudeste.
- *Aí*: partícula expletiva, usada para encadear o discurso:
  "Aí eu virei pra ele e falei: 'Olha, não fala comigo assim
  não.' Aí ele riu e disse: 'Eu falo como eu quiser, a boca
  é minha.' Aí, sabe, eu virei bicho..."

- *Cadê*: contração de "o que é de", muitíssimo empregada no país, com as variantes menos comuns "quedê" e "quede".
- *Vai que*: expressão coloquial com o sentido de "e se", utilizada para introduzir um evento hipotético. Assim, "Vai que ele chega atrasado" corresponde a "E se ele chegar atrasado?". Essa forma coloquial, como outras, tem a vantagem de evitar o subjuntivo — "chega" em vez de "chegar". Observe-se também que a estrutura é afirmativa e não interrogativa.

As marcas que apresentamos estão longe de representar a totalidade das maneiras possíveis de se criar um efeito de verossimilhança na tradução (e criação) de diálogos. São apenas algumas sugestões, recolhidas ao longo de algumas décadas de prática de tradução literária. Para ilustrar o que foi visto neste capítulo, vejamos alguns exemplos.

Podemos dizer que as narrativas convencionais trabalham basicamente com três tipos de texto: a descrição estática, o relato de ação e o diálogo. Na descrição estática, o autor descreve cenários e personagens; no relato de ação, ele narra atividades que envolvem os personagens; e os diálogos consistem basicamente nas falas dos personagens. Essas três categorias, é claro, não são estanques. E há que levar em conta também o chamado discurso indireto livre, uma técnica característica da ficção do século XX, que combina elementos do diálogo com a descrição e o relato num texto indiferenciado. A radicalização do discurso indireto livre nos leva ao fluxo de consciência, uma técnica desenvolvida por James Joyce, empregada principalmente em obras experimentais. Porém vou exemplificar apenas com traduções de narrativas ficcionais mais convencionais, usando sempre minhas próprias traduções. Comecemos com exemplos de John Updike, escritor norte-americano que pode ser considerado um bom representante contemporâneo da ficção realista tradicional.

Descrição estática

She was wearing a sparkly brown bodice, sleeveless, with a long skirt she had made from a piece of pool-table felt. Her frizzy thick hair, its coppery glints sharp in the slanting golden sun, was bundled up loosely and held in place by a high Spanish comb, of tortoiseshell engraved with silver arabesques. She sparkled, Faye did; she was the woman you noticed in a room, with that sudden piercing girlish laugh.	Faye trajava um corpete marrom cintilante, sem mangas, e uma saia comprida que ela fizera com feltro de mesa de sinuca. Seu cabelo farto e crespo, com brilhos acobreados intensos à luz do sol poente, estava preso num penteado informal por um pente espanhol largo, de tartaruga, com arabescos de prata. Toda ela brilhava; era a mulher para quem todos olhavam na sala, com aquele riso de menina, súbito e lancinante.
Villages, p. 143	*Cidadezinhas*, p. 162

Uma passagem de descrição típica contém bastante adjetivação, e aqui temos um bom exemplo de uma importante diferença sintática entre inglês e português. No inglês, os elementos modificadores — artigos, numerais, adjetivos etc. — costumam vir antes do elemento modificado, o substantivo, que fica na posição final do sintagma. Isso faz com que o tradutor seja obrigado a inverter a posição desses elementos. No exemplo em questão, vemos que *a sparkly brown bodice* foi vertido como "um corpete marrom cintilante":

apenas o artigo é anteposto, e os dois adjetivos vêm depois do substantivo. Quando a modificação do substantivo está a cargo de outros substantivos e não de adjetivos, a mudança é ainda mais radical: no inglês, ora formam-se cadeias de substantivos, em que o último da série é o termo modificado, ora empregam-se preposições; em português, nesses casos, é sempre necessário o uso da preposição, tipicamente "de". Assim, em *a piece of pool-table felt* temos os dois tipos de estrutura: a relação entre *piece* e *felt* é mediada pela preposição *of*, mas a modificação de *felt* é feita pelos dois substantivos *pool* e *table*, unidos por um hífen que indica que *pool* modifica *table*, e que o composto formado pelos dois modifica *felt*. A tradução literal da passagem seria, pois, "um pedaço de feltro de mesa de sinuca". Observe-se que na minha tradução omiti "um pedaço de", para evitar uma estrutura nominal contendo três ocorrências da preposição "de", o que pode vir a acontecer com uma frequência incômoda se o tradutor não for cuidadoso, pelo fato de que as duas estruturas inglesas — premodificação sem preposição (*pool-table felt*) e pós-modificação com preposição (*piece of pool-table felt*) — são igualmente traduzidas em português por estruturas preposicionadas.

Observe-se também o final do trecho: *that sudden piercing girlish laugh*. Aqui temos um pronome demonstrativo e três elementos adjetivais modificando o substantivo *laugh*, colocados em posição anterior. Na tradução — "aquele riso de menina, súbito e lancinante" — apenas o demonstrativo aparece antes do substantivo "riso"; *girlish* foi traduzido como "de menina". Mas o que me interessa destacar aqui é a modificação sintática feita ao traduzir *sudden piercing*. Em inglês, temos uma estrutura toda composta por subordinação — *girlish* modifica *laugh*; *piercing* modifica o composto *girlish laugh*; *sudden* caracteriza a estrutura *piercing girlish laugh*; e todo o sintagma é modificado pelo demonstrativo *that*. Na minha tradução, porém, acrescentei à estrutura por subordinação "aquele riso de menina" dois elementos coordenados a "riso" e coordenados entre si: "súbito e lancinante".

A transformação de algumas estruturas subordinadas em estruturas coordenadas é frequente na tradução do inglês para o português. Se mantivéssemos a subordinação do original, teríamos uma forma como "aquele súbito lancinante riso de menina" — ou talvez, radicalizando, "aquela súbita lancinante meninil risada". Seria possível defender uma tal solução argumentando-se que ela é mais estrangeirizante, e portanto indica mais respeito ao original. No entanto, tratando-se de prosa de ficção *mainstream*, como é o caso de Updike, talvez as soluções mais domesticadoras sejam recomendáveis. Um romance de Updike representa o que há de mais tradicional na ficção de língua inglesa contemporânea; nada nele causa qualquer estranhamento no leitor comum. Uma estrutura como "aquela súbita lancinante meninil risada" seria muito mais marcada do que *that sudden piercing girlish laugh*; assim, estaríamos violando o princípio de Meschonnic ("traduzir o marcado pelo marcado, o não marcado pelo não marcado"). Pode ser uma opção inteligente utilizar soluções estrangeirizantes na tradução de obras cujo estilo já cause estranhamento aos leitores do original — obras de autores como Henry James, James Joyce, William Faulkner e Thomas Pynchon, por exemplo; mas no caso de um John Updike a tradução estrangeirizante poderia ser encarada como uma descaracterização do estilo do autor.

Relato de ação

Floyd, just turned sixteen and freshly equipped with a driver's license, took his mother's Volvo station wagon out onto Partridgeberry Road and, in his inexperience veering too far to the right to avoid an oncoming pickup truck pulling a horse van, ran into a snow-filled ditch. The Volvo lurched over on its side into a stone wall, at fair speed. The boy was unhurt but the Volvo was totalled. *Villages, p. 283*	Floyd, que acabara de completar dezesseis anos e tirar carteira de motorista, saiu na Partridgeberry Road com a caminhonete Volvo da mãe e, na sua inexperiência, virando demais para a direita para evitar uma picape que se aproximava, atrelada a um trailer que continha um cavalo, enfiou-se numa vala cheia de neve. O Volvo virou e bateu num muro de pedra, a uma velocidade razoável. O menino nada sofreu, mas do carro não restou nada. *Cidadezinhas, p. 317*

Como já vimos, uma característica marcante do inglês é o grande número de verbos de movimento com significados muito específicos. Na curta passagem citada, temos três verbos ou locuções verbais que se referem a movimentos de um automóvel: *veered, ran into* e *lurched over. Veer* significa "mudar de direção"; *run into* é uma locução formada pelo verbo *run*, "correr", e a preposição *into*, que indica "movimento para dentro de"; e em *lurch over* temos o verbo *lurch*, "guinar, cambalear" associado à preposição *over*, que pode significar, entre muitas outras coisas, "de um ponto a outro, passando por um espaço ou obstáculo entre eles". Tanto *veered* quanto *lurched over* foram traduzidos como "virou", o que implica uma perda de especificidade: *veer* enfatiza uma súbita mudança de direção, enquanto *lurch* conota um movimento errático, desgovernado. Para captar essas nuanças de sentido, teria sido necessário acrescentar mais texto, já que o léxico português não contém palavras que denotam movimentos tão específicos; assim, *lurched over* poderia ser vertido como "cambaleou e caiu de lado". Mas nesse caso estaríamos traduzindo uma expressão inglesa de três sílabas por uma portuguesa de nove. Além disso, "cambalear" é termo mais usado para se referir a um movimento de um ser humano, enquanto o uso de *lurch* não implica necessariamente nenhuma antropomorfização. E mais: algo que é implícito no original, por ser contido no significado de *lurched over*, estaria explicitado de maneira enfática no português. Assim, a tentativa de ser fiel ao *sentido* do original, de dizer "a mesma coisa que ele", levaria a uma tradução pouco fiel ao *espírito* do original, pois o conciso, implícito e direto seria traduzido pelo verborrágico, explícito e metafórico.

Podemos fazer mais uma observação sobre essa passagem. Dissemos antes que o inglês permite naturalmente descrever com muita precisão detalhes referentes a movimentos, brilhos, sons etc.; qualquer tentativa de captar todos esses detalhes em português resultaria num texto sobrecarregado e muitíssimo estranho. Se quiséssemos captar todas as nuanças de sentido expressas em "*took his mother's Volvo station wagon out onto Partridgeberry Road*", teríamos de escrever algo assim como "tirou a caminhonete Volvo de sua mãe da garagem para a superfície da Partridgeberry Road". Nem mesmo o mais radical defensor da tradução estrangeirizante haveria de propor uma solução como essa; no entanto, é esse o sentido literal da passagem. A tradução de uma passagem de descrição ou ação do inglês para o português implica fatalmente uma certa perda de foco, um apagamento de detalhes implicitamente especificados pelas palavras do original. Trata-se de uma espécie de perda com que o tradutor tem de se conformar, por ser de todo inevitável.

Diálogo

"Holy cow there, Dap," Lugo said, pulling a fat wad of cash from one of Big Dap's knee-high basketball socks. "What's the what on this?"

"I got to buy a crib," Big Dap murmured, looking off.

"An apartment?"

"Naw, a crib. For the baby."

"You got a lot more here than just for that."

"I don't know how much it cost."

"Trust me. I'm a veteran. But so, where'd you get all this?"

"Bank."

"You have a bank account? Which bank?"

"On the, by Grand Street there, it's my mother's bank. I don't know the name of it."

"First Horseshit?" Scharf said.

"Could be."

"We should voucher that," Geohagan said.

"As' my mother, man."

"We will," Lugo said. "In fact, if this is her money, she can come down to the Eighth and claim it."

"Epa, o que é isso, Dap", exclamou Lugo, tirando um gordo maço de notas de dentro de um dos meiões de Big Dap. "De onde saiu isso aqui?"

"Estou precisando comprar um berço", murmurou Big Dap, olhando para o outro lado.

"Comprar o quê?"

"Um berço. Pro bebê."

"Isso aqui dá pra comprar uma porrada de berço."

"Eu não sei quanto custa."

"Vai por mim. Eu sou doutor no assunto. Mas e aí, de onde foi que você tirou isso?"

"Do banco."

"Você tem conta no banco? Que banco?"

"Lá na… ali na Grand Street, o banco da minha mãe. Não sei o nome não."

"O banco Me Engana Que Eu Gosto?", sugeriu Scharf.

"Pode ser."

"Vamos verificar", disse Geohagan.

"Pergunta pra minha mãe, cara."

Big Dap shook his head in sorrowful amusement.

"Come on," Lugo said. "Let's count it together so we both know how much we're talking about."

Dap looked away, drawled, "Motherfuckers prolly take it anyhow."

"Prolly what?" Lugo squinted, his mouth open in concentration. "Nothin', man."

"Please." Lugo leaning in to get up in his face. "I'm a little hard of hearing."

"Hey, man, do what you gonna do." Dap craning his neck to get some space. "'Cause y'all are like that anyhow."

"Like what?"

"Go on, man, you take it and I'll see you when I see you."

"Excuse me?"

"I'll see you when I'll see you."

"Are you threatening me?"

"What?"

"Did he just threaten me?" Lugo asked Tristan.

Lush life, chapter 6, by Richard Price

"Vamos perguntar, sim", retrucou Lugo. "Aliás, se o dinheiro for mesmo dela, é só ela passar lá no Oitavo que a gente devolve."

Big Dap sacudiu a cabeça com um sorriso melancólico.

"Vamos lá", disse Lugo. "Vamos contar juntos pra gente ver quanto tem."

Dap desviou o olhar e rosnou: "Os filhos da puta acaba que vão levar mesmo."

"Acaba o quê?" Lugo apertou os olhos, a boca aberta, concentrado.

"Nada não, cara."

"Dá pra repetir?" Lugo aproximou-se do rosto do outro. "Eu não escuto muito bem."

Aí, cara, faz o que tu tem que fazer." Dap espichando o pescoço para manter uma certa distância. "Vocês são tudo assim mesmo."

"Assim como?"

"Vai lá, cara, leva que depois a gente vê."

"Como é que é?"

"Depois a gente vê."

"Tá me ameaçando?"

"O quê?"

"Ele me ameaçou?" Lugo perguntou a Tristan.

Vida vadia, capítulo 6, de Richard Price

O exemplo foi extraído de um romance policial. O que a crítica mais elogia no seu autor, Richard Price, é a capacidade de reproduzir a fala das pessoas comuns de Nova York. Segundo um crítico um tanto hiperbólico, citado na quarta capa do livro, Price seria "o maior escritor de diálogos, vivo ou morto, que este país [os EUA] jamais produziu". Ao traduzir seu romance, portanto, dei uma atenção toda especial às falas dos personagens, tentando recriar em português as características de cada um — artistas frustrados, pequenos marginais, policiais, toda a fauna urbana que povoa a ficção do autor. Ao mesmo tempo, porém, levei em consideração algumas expectativas do leitor brasileiro, que não são as mesmas do leitor norte-americano. Por exemplo, uma comparação do original e da tradução acima — um diálogo entre um policial e um marginal — revelará que o texto de Price tem mais marcas fonéticas de oralidade do que o meu. No texto em inglês, abundam as contrações, das mais convencionais, como "*I'm*", passando por outras menos comuns, como "*where'd*", chegando a umas francamente idiossincráticas, como "*prolly*" ("*probably*"). No texto em português, em contraste, encontramos apenas "pra", "pro" e "tá", todas bem convencionais. Por outro lado, recorro com frequência a marcas sintáticas, como o uso do singular em sentido genérico ("uma porrada de berço"), a dupla negativa ("Não sei o nome não", "Nada não, cara") e a concordância irregular ("faz o que tu tem que fazer", "Vocês são tudo assim mesmo"). Também utilizei algumas marcas lexicais: o expletivo "epa", o vocativo "cara", o quantificador "uma porrada de", a expressão coloquial "sou doutor no assunto". Chamo a atenção para a liberdade que tomei na tradução do nome do banco fictício mencionado pelo policial, o qual não acredita que seu interlocutor tenha conta em banco e julga que o dinheiro encontrado com ele seja roubado. No original, o nome do banco sugerido é *"First Horseshit"*. Uma tradução literal daria "Primeira Bosta de Cavalo", o que não faria nenhum sentido em português. Por que *"First Horseshit"*? *First* porque muitos bancos norte-americanos contêm essa palavra no nome, como *"First National Bank"*; quanto a *horseshit*, trata-se de um sinônimo de *bullshit*, que significa "conversa fiada", "enrolação". O nome que adotei em português, "Me Engana Que Eu Gosto", capta o sentido do original, mas falta-lhe um componente correspondente ao "First" do original — algo que seja comumente empregado em nomes de bancos. Sob esse aspecto, há aqui uma perda na minha tradução.

Eis uma outra perda: no original, quando Dap diz que precisa comprar *"a crib"*, Lugo, o policial, retruca *"An apartment?"* *Crib*, "berço", na língua coloquial, tem o sentido de "casa, moradia", o que explica a reação de Lugo. Mas em português não há uma palavra com o sentido de "berço" que também tenha a acepção de "casa" na fala coloquial. Na minha tradução, portanto, a fala do policial é "Comprar o quê?", o que capta a ideia de que para o policial seria muito improvável que Dap, que está longe de ser um pai de família respeitável, quisesse comprar um berço, mas não capta o mal-entendido causado pelo duplo sentido de *crib*. Temos aqui, claramente, mais uma perda.

E por falar em perda, há nessa passagem um detalhe que sequer tentei reproduzir, por saber que não conseguiria fazê-lo. Numa de suas falas, o personagem Dap usa a expressão *y'all*. Isso pede uma explicação mais detalhada. O pronome *you* é invariável, servindo tanto para o singular quanto para o plural: pode ser traduzido como "você" ou como "vocês", dependendo do caso. (Ou como "o/a/s senhor/a/s": ele também serve como forma neutra ou como forma deferencial, tanto para homens quanto para mulheres.) A forma *you-all*, contraída como *y'all*, é um plural marcado de *you*: ao usá-la, Dap deixa claro que não está se referindo apenas a Lugo, e sim a toda a classe dos policiais. Porém *y'all* é uma expressão característica do dialeto sulista do inglês norte-americano. Como a história se passa em Nova York e não no Sul, um personagem que use *y'all* é muito provavelmente negro, pois o *Black English*, falado por boa parte da população afro-americana em qualquer região do país, é uma variante do dialeto sulista. Em outras palavras: o uso de *y'all* marca o personagem Dap como negro; o autor utiliza-o como um marcador dialetal. Mas como poderia eu marcar a fala do personagem, na minha tradução, de modo a indicar que ele era negro? Isso é impossível, pelo simples fato de que não existe nada equivalente a um *Black English* no Brasil. Não há um dialeto afro-brasileiro, falado por negros de sul a norte do país: os negros gaúchos falam o dialeto gaúcho, os mineiros falam o dialeto mineiro; os negros do Rio falam o dialeto carioca, os de Pernambuco falam o mesmo dialeto pernambucano usado pelos brancos de lá. Assim, sempre que me deparo com uma marca de *Black English* num texto que estou traduzindo, sei que haverá uma perda inevitável.

Um parêntese: num congresso de tradutores, observei certa vez que não existe um dialeto negro do português brasileiro, e uma pessoa da plateia discordou, dizendo que havia no Brasil algumas povoações em que a população, diretamente descendente de quilombos, falava um dialeto próprio. Mas não se pode comparar um falar local de descendentes de quilombolas ao *Black English*, uma variante do inglês sulista falado em todo o território norte-americano. Seria uma total falta de bom-senso propor um dialeto minoritário, utilizado por uma população mínima e desconhecido pela grande maioria dos falantes do português, como algo que corresponda a um dialeto de âmbito nacional, reconhecido por todos os falantes do inglês norte-americano, amplamente divulgado pela música popular e o cinema, com base no argumento de que tanto num caso como no outro os falantes em questão são negros. Portanto, o *Black English* permanece como um exemplo de intraduzibilidade radical.

Fechemos este capítulo utilizando o caso do *Black English* para exemplificar algo que já foi mencionado no capítulo anterior, em relação ao contraste entre vocabulário anglo-saxônico e léxico latino: dados dois idiomas, há determinados efeitos literários que são possíveis num deles, mas que simplesmente não podem ser reproduzidos no outro. O tradutor precisa ter consciência de que, estritamente falando, nem tudo é traduzível; em certas circunstâncias, o máximo que ele pode conseguir é uma solução muito insatisfatória. E no entanto, mesmo em casos de intraduzibilidade estrita, às vezes um tradutor hábil consegue se sair muito melhor do que era de esperar. E é na poesia que vamos encontrar mais exemplos disso.

A tradução de poesia

No campo da tradução, poucos temas têm sido tão discutidos, e têm levado à adoção de posturas tão radicalmente opostas, quanto a tradução de poesia. O interesse teórico por esse ramo da atividade tradutória parece ser inversamente proporcional ao volume de traduções de poesia efetivamente publicadas. Podemos alinhar numa espécie de contínuo as diferentes posições assumidas em relação ao tema. Num extremo, temos aqueles que defendem a absoluta impossibilidade de se traduzir poesia; no extremo oposto, temos os que afirmam que se pode traduzir poesia tal como qualquer outro tipo de texto. As posições intermediárias são muitas: em tese, é possível traduzir poesia, mas na prática todas as traduções poéticas são falhas; a poesia não pode (ou não deve) ser propriamente traduzida, mas sim recriada, ou imitada, ou parafraseada, ou transpoetizada; é possível traduzir poesia, mas é impossível julgar a qualidade da tradução: tudo que se pode dizer a respeito da tradução de um poema é "eu gosto" ou "eu não gosto".

Neste capítulo, vamos apresentar algumas dessas posições, mas talvez seja apropriado, antes de iniciar minha exposição, assumir claramente a minha. A meu ver, um poema é um texto literário que pode ser traduzido como qualquer outro texto literário. A diferença é que, quando se trata de um poema, em princípio toda e qualquer característica do texto — o significado das palavras, a divisão em versos, o agrupamento de versos em estrofes, o número de sílabas por verso, a distribuição de acentos em cada verso, as vogais, as consoantes, as rimas, as aliterações, a aparência visual das palavras no papel etc. — pode ser de importância crucial. Ou seja: no poema, tudo, em princípio, pode ser significativo; cabe ao tradutor determinar, para cada poema, quais são os elementos mais relevantes, que portanto devem necessariamente ser recriados na tradução, e quais são menos importantes e podem ser sacrificados — pois, como já vimos, todo ato de tradução implica perdas. Quanto a esse aspecto, a diferença entre poesia e prosa literária é apenas de grau. Quando me proponho a traduzir um romance de Henry James, não posso pressupor que o enredo seja mais importante que as opções sintáticas do autor. Uma boa tradução de uma narrativa ficcional de James tem não apenas de contar a mesma história que o original, com os mesmos personagens dotados das mesmas características pessoais, como também reproduzir em português a mesma sintaxe complexa, com períodos longos, tortuosos, cheios de estruturas subordinadas. Porém há uma diferença crucial entre a tradução de prosa literária e a de poesia: uma tradução de um romance de James que não leve em conta seus elementos formais, porém respeite o enredo, será uma má tradução de um romance, mas será um romance de qualquer forma; mas uma tradução de um poema que não leve em conta as opções de forma tomadas pelo poeta pode nem sequer ser um poema. Veremos um exemplo disso mais adiante.

Acredito, também, que dado um poema e duas ou mais traduções, é possível avaliar os aspectos positivos e negativos de cada uma delas, mediante uma análise cuidadosa dos textos, utilizando-se argumentos racionais e relativamente objetivos. Podemos defender a superioridade de uma tradução poética em relação a outra, ou apontar defeitos e qualidades de uma tradução, identificando características do original e das traduções e julgando o grau de correspondência que há entre elas. Naturalmente, minha argumentação pode ou não ser aceita por outro leitor, que poderá contra-argumentar destacando outros aspectos do original e das traduções, ou atacando os meus argumentos — como ocorre em discussões racionais sobre qualquer outro assunto. É claro que não se pode provar matematicamente que a tradução A é melhor que a tradução B; mas concluir-se, a partir dessa constatação, que é tudo uma questão de gosto significa cair, mais uma vez, no tudo ou nada que assola o mundo dos estudos da tradução: ou bem a avaliação de traduções é algo tão preciso quanto uma análise química ou bem estamos no reino das opiniões fundadas apenas no gosto pessoal. Como sempre, a realidade está no meio desses dois extremos.

Vejamos os argumentos dos que defendem algumas das posições contrárias às minhas. Comecemos com a ideia, muito difundida, de que poesia é por definição intraduzível. Atribui-se ao poeta norte-americano Robert Frost uma das formulações mais sintéticas dessa posição: "Poesia é o que se perde na tradução." Qualquer tentativa de traduzir um poema estaria fadada a captar apenas o que não é "essencialmente poético". Essa visão, a meu ver, está associada a uma concepção idealista de poesia: o poético seria uma essência indefinível, a que não temos acesso pela razão, e sim apenas pelo "coração", ou pela "alma", ou por algum outro órgão inefável. Minha posição quanto a isso talvez decepcione alguns leitores, parecendo-lhes terrivelmente prosaica e insensível: não acredito que haja nenhuma essência poética; não acredito que o poeta seja um ser necessariamente mais sensível, mais elevado ou mais espiritualizado do que as outras pessoas; não creio que o poeta tenha que ser uma pessoa mais sofrida ou mais infeliz ou mais passional do que a maioria dos outros seres humanos. O poeta é apenas um artista que trabalha a palavra, assim como o músico trabalha com os sons musicais e o artista plástico trabalha com elementos visuais. O que torna um poema um bom poema é a mesma coisa que torna um romance um bom romance: palavras cuidadosamente escolhidas para realizar um determinado efeito estético. A principal diferença entre poesia e prosa reside no fato de que na prosa o aspecto semântico tende a predominar — embora os outros componentes da linguagem sejam também importantíssimos na determinação do que entendemos como "estilo" do autor — enquanto no poema, como já observei, *todos* os aspectos são potencialmente de igual importância, e a poeticidade do texto muitas vezes depende mais de aspectos formais do que do sentido das palavras.

Há uma outra defesa, menos ingênua, da suposta impossibilidade de se traduzir poesia, e essa posição é bem representada por Vladimir Nabokov, o conhecido romancista russo naturalizado norte-americano. Eis a sua argumentação: o poeta utiliza de modo particularmente complexo e sutil os recursos de seu idioma; ora, como os recursos de dois idiomas diferentes nunca são os mesmos, é impossível recriar na língua-meta os efeitos poéticos do original, e portanto não se deve sequer tentar fazer tal coisa. Nabokov se propôs a apresentar para o leitor de língua inglesa o grande romance em versos de Puchkin, *Eugênio Oneguin*, numa alentada edição em dois volumes. Por não acreditar em tradução de poesia, ele limitou-se a traduzir o sentido de cada verso de modo mais ou menos literal, deixando de lado os efeitos de métrica, rima, assonância, aliteração etc.; num paratexto que ocupa todo um volume, bem maior do que o volume dedicado à "tradução" do poema, esses efeitos foram minuciosamente descritos a fim de que o leitor pudesse ter uma ideia do impacto da leitura do original. Observe-se que a posição de Nabokov não se fundamenta em nenhuma visão idealista da poesia: ele não está dizendo que o leitor que não tenha a "verdadeira alma eslava" está impossibilitado de fruir a poesia de Puchkin; nada disso. A base de sua argumentação está essencialmente correta: de fato, o poeta trabalha com o que há de mais idiossincrático em seu idioma, e esses elementos por ele utilizados criativamente muitas vezes inexistem na língua-meta. Mas sua posição pode ser atacada por dois ângulos.

Em primeiro lugar, quando Nabokov apresenta uma "tradução" estritamente semântica do *Oneguin* e acrescenta, num volume separado, uma descrição dos efeitos formais do poema, ele deixa claro que parte do pressuposto de que o mais importante de um poema é o aspecto semântico, enquanto os efeitos sonoros seriam uma espécie de acréscimo ornamental. Em outras palavras, Nabokov vê a poesia com olhos de prosador (pois era isso que ele era). Achar que o mais importante do *Oneguin* é a história contada por Puchkin é ler o livro como se fosse um romance que apenas por um capricho do autor foi escrito em versos, e não como um poema que é *também* uma narrativa. O que Nabokov oferece não é uma tradução, e sim uma paráfrase do enredo do poema seguida de uma exposição dos aspectos formais do poema (bem como dos efeitos semânticos intraduzíveis, tais como jogos de palavras).

Em segundo lugar, o argumento de Nabokov, ao contrário do que ele pensa, não prova a impossibilidade de traduzir poesia, e sim apenas a impossibilidade de realizar uma tradução de um poema que recrie com perfeição *todas* as características do original. Nabokov afirma que, para compreender o *Oneguin*, é preciso saber russo, saber francês, conhecer a história da Rússia, os códigos sociais russos da época, a literatura russa que Puchkin conhecia de cor e salteado... Levando o raciocínio de Nabokov às últimas consequências, concluiremos que para ler o *Oneguin* de maneira absolutamente perfeita, sem perder a menor nuança do texto, é preciso ter nascido na mesma época e no mesmo lugar que Puchkin; enfim, que é preciso *ser Puchkin*. Sou obrigado, mais uma vez, a repetir: sim, é impossível haver uma leitura absolutamente perfeita, uma compreensão absolutamente perfeita, uma tradução absolutamente perfeita de um texto literário. Mas a tradução não é a única atividade humana que não atinge a absoluta perfeição; por que exigir a perfeição apenas dos tradutores? (Já esbocei uma resposta a essa pergunta no primeiro capítulo deste livro.) A posição de Nabokov seria semelhante à de alguém que afirmasse que, como não sabemos exatamente de que modo eram encenadas as tragédias gregas, devemos eliminar do nosso repertório teatral todas as peças de Ésquilo, Sófocles e Eurípides. Mas basta pensar um pouco para concluir que essa posição, se levada às últimas consequências, nos levaria à conclusão de que não deveríamos traduzir nada, montar nenhuma peça, ler nenhum livro.

Essa nostalgia da inatingível perfeição, que tanto atormenta os teóricos da tradução, parece estar por trás também da atitude de André Lefevere. Num livro importante sobre tradução de poesia, o já referido *Translating poetry*, Lefevere faz uma classificação minuciosa das diferentes estratégias que podem ser adotadas — privilegiar o aspecto fonológico, o aspecto semântico, o aspecto métrico etc. —, analisa uma série de traduções de um poema de Catulo, cada uma fundada numa das estratégias examinadas, e tira uma conclusão categórica (p. 95), a que já aludimos no primeiro capítulo deste livro:

> Em todos os casos, os textos resultantes simplesmente não podem ser considerados traduções literárias, ou seja, traduções que ao mesmo tempo existam como obras de arte autônomas e deem ao leitor uma impressão precisa de como é o texto original.

Observe-se que Lefevere não está afirmando que as traduções não são boas, mas sim que elas não podem nem mesmo ser consideradas traduções *literárias*. Claramente, para ele uma tradução de poesia que não seja perfeita não é sequer uma tradução literária. A meu ver, porém, não faz sentido se dar o trabalho de analisar uma tradução para concluir que ela não é absolutamente perfeita; para chegar-se a tal conclusão, não é sequer necessário lê-la. O que é preciso fazer é mostrar quais aspectos do original foram recriados com êxito, e verificar se esses aspectos são os mais importantes, os que de fato devem ser privilegiados. Lefevere deu uma contribuição importante ao estudo da tradução de poesia, mas quando esboça, no final do livro, o que seria a maneira correta de traduzir poesia, ele deixa claro que, a seu ver, isso jamais foi feito. Trata-se de uma afirmativa insustentável: existem muitas traduções excelentes de poesia.

O mesmo problema — a nostalgia da perfeição — parece estar por trás das colocações negativas a respeito da possibilidade de avaliar uma tradução de poesia. A teórica Rosemary Arrojo, num texto que já comentamos no primeiro capítulo deste livro, afirma que simplesmente não faz sentido dizer que uma tradução é fiel ou não, ou que a tradução A é melhor que a B. Como não existem critérios universais, absolutos, a respeito do verdadeiro sentido de um texto, ou que deixem absolutamente claro qual a melhor tradução de um dado original, conclui-se que todas as leituras, todas as traduções, todas as avaliações de traduções são inteiramente arbitrárias. Ela exemplifica sua posição com a tradução de poesia, analisando os artigos publicados por Paulo Vizioli e Nelson Ascher a respeito dos méritos relativos de duas traduções de um poema de John Donne, "Elegie XIX: Going to bed", uma assinada pelo próprio Vizioli e outra por Augusto de Campos (sendo esta defendida por Ascher). A conclusão de Arrojo é que Ascher prefere a tradução de Campos porque sua visão de tradução foi formada por Campos; Vizioli, é claro, defende sua própria tradução, já que ela se baseia em seus próprios critérios. Coerentemente, Arrojo não se dá o trabalho de examinar o poema e as traduções em questão: se não existe uma inteligência divina capaz de determinar a *verdadeira* leitura do poema de Donne e de definir de uma vez por todas qual a sua melhor tradução, segue-se que toda e qualquer discussão em torno do assunto é perda de tempo.

Para refutar a tese de Arrojo, bastaria chamar a atenção para o fato de que a impossibilidade de haver uma avaliação absolutamente irrefutável *não* implica que toda e qualquer avaliação seja absolutamente arbitrária. Decidi, porém, ir mais longe: retomei as duas traduções de Donne mencionadas por ela e submeti-as a uma análise detalhada. Não me seria possível reproduzir aqui minha argumentação; os interessados poderão consultar meu artigo "Fidelidade em tradução poética: o caso Donne". Mas vou tentar ao menos resumi-la, dando uns poucos exemplos. O poema de Donne foi escrito em versos ingleses de dez sílabas cada um; Campos traduziu-o em decassílabos, e Vizioli em versos de doze sílabas. Era de esperar, portanto, que a tradução de Campos contivesse mais perdas semânticas que a de Vizioli, já que em inglês as palavras são mais curtas que em português e, por conseguinte, é possível dizer mais em dez sílabas em inglês do que em português. A tradução de Vizioli, pois, por utilizar um metro mais espaçoso, deveria ser mais fiel semanticamente ao original que a de Campos. Minha análise, porém, revelou o contrário do esperado. As perdas semânticas de Campos foram apenas um pouco maiores que as de Vizioli, e nada do que foi perdido em sua tradução tinha grande importância; por outro lado, a tradução de Vizioli continha muito material semântico que não constava no original — ou seja, havia nela um grande número de acréscimos mais ou menos arbitrários. Além disso, das 15 passagens que Vizioli acrescentou ao original, nada menos do que 11 apareciam em posição final. Em outras palavras, ficou claro que Vizioli valeu-se do espaço a mais proporcionado pelo metro mais largo que utilizou não para ser mais fiel ao original, mas para obter rimas ao final dos versos. Enquanto Campos, com menos sílabas à sua disposição, conseguiu achar soluções que, ao mesmo tempo que reconstruíam o sentido do original, também rimavam, Vizioli primeiro traduzia o sentido do verso e depois acrescentava, ao final dele, uma palavra para rimar. E de tanto acrescentar material estranho ao texto de Donne, com o duplo fim de preencher as duas sílabas a mais de que dispunha em cada verso e obter uma rima, Vizioli acabou exprimindo em sua tradução uma ideia que não estava no original. No texto de Donne, o eu lírico convida a amada (a esposa do poeta, dizem-nos os biógrafos do autor) a fazer amor através de uma série de imagens ousadas; o tom do convite é ao mesmo tempo sensual, carinhoso e jocoso. Na tradução de

Vizioli, porém, alguns dos trechos adicionados para obter rimas dão a entender que o poeta está ansioso para ir para a cama, e talvez até um pouco irritado com a mulher, que estaria se fazendo de difícil: uma ideia que não aparece, de modo algum, no texto de Donne.

Vejamos um exemplo. Os versos finais do poema são estes (utilizando a grafia original, do século XVII):

To teach thee, I am naked first; why than
What needst thou have more covering then a man.

O sentido literal dos versos é mais ou menos este: "Para ensinar-te, fico nu antes; por que, então, precisas de mais cobertura do que um homem[?]" Eis a tradução de Campos:

Para ensinar-te eu me desnudo antes:
A coberta de um homem te é bastante.

E esta é a tradução de Vizioli:

Que esperas? Estou nu....e as horas se consomem.
Mais cobertura tu desejas do que um homem?

Como já observei, por trabalhar com um verso mais longo, Vizioli recorre com frequência a um acréscimo final para obter uma rima. No caso em questão, "e as horas se consomem" fornece uma rima conveniente para "homem"; porém esse acréscimo, juntamente com "que esperas?", dá a seu texto um toque de impaciência e irritação inteiramente ausente do original — e da tradução de Campos. Note-se que Vizioli suprimiu a ideia jocosa de que o homem está se despindo apenas para ensinar a mulher como é que se despe, e substituiu-a por uma reclamação mal-humorada. Temos aqui uma mudança de significado óbvia, uma constatação que pode ser feita por qualquer pessoa que conheça bem os dois idiomas em questão. Com base em diversos argumentos bastante objetivos como esse, pude concluir que a tradução de Campos era superior à de Vizioli — não porque minha visão do que é poesia ou do que é tradução seja mais semelhante à de Campos do que à de Vizioli, mas simplesmente porque sob vários aspectos — sentido literal, tamanho dos versos, coerência de registro, entre outros que não vamos poder examinar aqui — a leitura da tradução de Campos resultava numa experiência estética mais próxima à leitura do original de Donne do que a leitura da tradução de Vizioli.

Esse estudo de caso, a meu ver, demonstra que é perfeitamente possível apontar para problemas objetivos que há numa tradução ao avaliá-la; não se trata apenas de gostar mais de uma que de outra por seguir a orientação teórica de um tradutor e não a de outro. Observe-se que em momento algum estou afirmando que seja possível saber-se o sentido exato que John Donne tinha em mente quando escreveu seu poema há quatro séculos, nem que eu tenha provado por *a* mais *b* que Augusto de Campos captou e exprimiu esse sentido exato em sua tradução. Estou dizendo apenas que, dados meus conhecimentos não de todo desprezíveis da poesia de Donne, da língua inglesa e da língua portuguesa, e minha experiência não de todo desprezível no campo da tradução de literatura em geral e de poesia em particular, posso, ao comparar as traduções de Augusto de Campos e de Paulo Vizioli, defender com argumentos razoáveis, fundados em características dos três textos em questão, a posição de que a tradução de Campos desse poema de Donne é superior à de Vizioli. Certamente, aqui — como em qualquer outra área, aliás, pois em nenhum campo do saber ou de atividade lidamos com verdades absolutas e fatos incontestáveis — minha posição pode ser criticada por quem com ela não concorde, citando outros fatos ou propondo leituras diferentes dos fatos que destaco, e encaminhando uma argumentação diversa. Mas isso não é a mesma coisa que afirmar que prefiro a tradução de Campos à de Vizioli apenas porque tenho mais pressupostos em comum com Campos do que com Vizioli, e que nada mais há a se dizer sobre o assunto.

E já que mencionei Augusto de Campos, falemos sobre as posições dele e de seu irmão, Haroldo de Campos. O que de saída dá uma autoridade especial às posições por eles defendidas é o fato de que — ao contrário de Frost, Nabokov e Lefevere — eles são grandes tradutores de poesia. Não há melhor argumento contra a suposta impossibilidade de traduzir um poema do que uma tradução poética primorosa. Todos os argumentos de Nabokov caem por terra diante da leitura dos poemas traduzidos por Augusto de Campos. De fato, os recursos linguísticos do inglês mobilizados por Donne, Hopkins, Dickinson e tantos outros poetas de língua inglesa traduzidos por Campos são diferentes dos que são oferecidos pelo português, como afirma Nabokov; e no entanto a imensa maioria dos leitores que estão capacitados para fazer tais avaliações — isto é, leitores de poesia que conhecem bem o inglês e o português — afirma a excelência das traduções de Augusto de Campos. Uma análise cuidadosa mostrará, é claro, que essas traduções não são absolutamente perfeitas: há detalhes semânticos, rítmicos, fonológicos, sintáticos etc. dos poemas originais que não foram recriados em português com exatidão. Porém o que fica claro é que, praticamente em todos os casos, os efeitos poéticos mais importantes de cada poema foram reproduzidos com êxito, e aqueles que não foi possível recriar ou não eram fundamentais para o efeito geral do poema foram de algum modo compensados pela criação de outros efeitos na tradução.

Não seria possível fazer justiça em um ou dois parágrafos à riqueza dos escritos teóricos dos Campos — principalmente de Haroldo, que foi dos dois o que mais se dedicou à teoria; portanto, vou me limitar a um único ponto. Embora afirmem muitas vezes que o que fazem é tradução, em mais de uma ocasião os irmãos Campos parecem distinguir a tradução propriamente dita daquilo que eles fazem, que seria algo mais elevado, mais complexo do que uma tradução comum, e que seria mais bem designado por outra palavra, como "transcriação". A defesa mais inequívoca dessa posição está talvez no ensaio "Transluciferação mefistofáustica", em que Haroldo afirma com todas as letras que o objetivo da "tradução criativa" por ele proposta deveria ser "obliterar o original". Assim, tradutores menores fariam traduções para auxiliar leitores que não conhecem a língua do original; já Haroldo de Campos traduziria Dante ou Goethe com o objetivo de usurpar o lugar desses poetas. Com todo o respeito que me inspiram o conhecimento e a habilidade de Haroldo de Campos, ouso discordar. Ao designar as traduções dos Campos de "transcriações" ou "transluciferações", não fazemos outra coisa senão cunhar neologismos de gosto discutível. As traduções de poemas feitas por ele e por Augusto são de excepcional qualidade, mas não deixam de ser traduções; e por melhores que sejam, elas só poderiam tomar o lugar dos originais para aqueles que não podem ler Dante,

Goethe, Donne ou Hopkins em seus idiomas respectivos. A meu ver, a *hybris* de Haroldo deve ser encarada como uma reação extrema à posição igualmente extrema de autores como Nabokov. Não deixa de ser curioso observar que os extremos se tocam: Nabokov nega pura e simplesmente a possibilidade de traduzir poesia; e Haroldo, que realiza traduções poéticas da maior qualidade, em seu afã de defender seu trabalho chega a negar que elas sejam o que são — traduções.

Mas nem todos os teóricos negam a possibilidade de traduzir poesia, ou insistem que a boa tradução de poesia seja outra coisa que não tradução. Para Meschonnic, que citamos mais de uma vez no capítulo anterior, o que caracteriza a poesia é acima de tudo o ritmo — isto é, seu aspecto sonoro. Traduzir poesia seria, para ele, acima de tudo reproduzir os efeitos rítmicos do original. Também Augusto e Haroldo de Campos tendem a afirmar a importância de se atentar para o significante na tradução de textos literários, em particular na poesia. Uma leitura apressada dos escritos desses autores pode levar à conclusão de que eles valorizam o significante *acima* do significado; e há passagens em Meschonnic e nos irmãos Campos em que essa leitura parece mesmo se impor. Mas devemos entender essa ênfase como uma espécie de compensação à tendência geral — de que não escapam nem mesmo inteligências argutas como a de Nabokov, como vimos — a dar mais valor ao significado que ao significante. Em suas traduções francesas de Shakespeare, Meschonnic claramente trata o aspecto semântico com o mesmo cuidado que dá à forma. O mesmo pode ser dito das traduções poéticas dos Campos, e também do trabalho de outros excelentes tradutores brasileiros de poesia. A tarefa do tradutor de poesia consiste em identificar as características poeticamente relevantes do texto poético e reproduzir as que lhe parecem mais importantes. O significado do texto é, na grande maioria dos casos, fundamental; mas os elementos formais podem ser tão importantes quanto o significado, e em alguns poemas sua importância é até maior.

Comecemos, pois, examinando a questão do significado. A grande maioria dos poemas exprime com palavras um sentido que pode ser parafraseado em prosa, e na maioria das vezes é importante reproduzir esse sentido, ou algo bem próximo a ele, na tradução. Na sua leitura do poema, o tradutor precisa estar atento para eventuais duplos sentidos, as conotações, os trocadilhos, as mil e uma sutilezas que podem estar presentes num poema. Voltemos ao final do poema de Donne. Como vimos, o eu lírico despe-se e diz à amada:

> To teach thee, I am naked first; why than
> What needst thou have more covering then a man.

Propus, como tradução literal dos versos, o seguinte: "Para ensinar-te, fico nu antes; por que, então, precisas de mais cobertura do que um homem[?]" Porém há no verso final um duplo sentido. Podemos ler a pergunta de duas maneiras. A mais óbvia delas é: Por que precisas de mais cobertura do que um homem precisa, se o homem, ao desnudar-se, mostrou não precisar de nenhuma? A outra leitura seria: Por que precisas de cobertura adicional além da proporcionada pelo homem que se deitará sobre ti? Em inglês, tal como em português, o verbo *cover*, "cobrir", tem a acepção de "sobrepor-se (o macho) à fêmea para a cópula (falando de animais)", para citar a definição do *Houaiss*. Tanto a tradução de Campos quanto a de

Vizioli conseguem recuperar o duplo sentido em português, como o leitor pode verificar voltando algumas páginas atrás.

Porém muitas vezes um jogo de palavras que funciona numa língua não é possível em outra. No Soneto 135, William Shakespeare utiliza nada menos do que 13 vezes a palavra *will*, termo que aparece sete vezes no soneto seguinte. Como substantivo, *will* é "vontade"; como verbo, pode ser um auxiliar defectivo que indica futuro ou então um verbo que significa "obrigar pela força da vontade"; mas é também a forma reduzida do nome William. Temos aqui um jogo de palavras absolutamente impossível de reproduzir em português. Os casos de *covering* em Donne e de *will* em Shakespeare podem ser tomados como exemplos dos dois extremos: o jogo de palavras perfeitamente traduzível e o trocadilho de todo impossível de reproduzir em outro idioma. Com frequência o tradutor se depara com casos intermediários, nem tão fáceis quanto *covering* nem tão irredutíveis quanto *will*.

Os jogos de palavras, trocadilhos, duplos sentidos e demais efeitos semânticos são recursos que também ocorrem na prosa, embora sejam mais frequentes na poesia. Mas é nas questões de forma que vamos encontrar o que há de mais específico da poesia. Pois o que caracteriza a poesia acima de tudo é o seu aspecto formal, tudo aquilo que Meschonnic designa por meio da palavra "ritmo". Exemplifiquemos com um poema curto de Emily Dickinson, o de número 185 na edição de Thomas H. Johnson (*The complete poems*, p. 87).

"Faith" is a fine invention
When Gentlemen can *see*—
But *Microscopes* are prudent
In an Emergency.

Podemos traduzir literalmente o sentido do poema mais ou menos assim: "A 'Fé' é uma ótima invenção quando os Cavalheiros *enxergam* — mas os Microscópios são prudentes numa Emergência." Mesmo essa paráfrase pedestre e (como veremos) literal a ponto de distorcer o significado do original, que deixa de lado todos os seus aspectos formais, já desperta o interesse do leitor. Dickinson parece estar virando do avesso um lugar-comum, a ideia de que o pensamento lógico e racional funciona nas situações cotidianas, mas que nos momentos de muita tensão emocional recorremos à fé. Pois o que o poema diz é justamente o contrário: quando as pessoas respeitáveis e convencionais (os "Cavalheiros") têm a situação sob controle, elas recorrem à fé (ou, talvez, a uma "fé" entre aspas, uma fé superficial, uma fé que não passa de uma "invenção"?); mas numa situação de emergência elas recorrem à frieza do cálculo racional (os "Microscópios"). Observe-se que a situação normal é descrita como aquela em que se pode enxergar bem, e o recurso à razão é representado metaforicamente pelo microscópio, um instrumento que realça o sentido da visão; observe-se também — um detalhe que me parece importante — que a palavra *invention* é usada para se referir à "fé", e não aos microscópios.

Mas o poema 185 de Dickinson não é um trecho de prosa, e sim um poema; a experiência de ler esse poema está intrinsecamente ligada aos efeitos formais que ele contém. Temos aqui quatro versos, cada qual com seis sílabas métricas, descontadas as sílabas átonas finais. Podemos escandir os versos como se segue, usando / para indicar acento primário, \ para acento secundário (um acento mais fraco que o primário) e - para sílaba átona:

    / - - / - / -
"Faith" is a fine invention
 - / - - - /
When Gentlemen can *see*—
 - / - \ - / -
But *Microscopes* are prudent
- - - / - \
In an Emergency.

Em versificação inglesa, porém, contam-se não as sílabas isoladas, como fazemos em português, e sim agrupamentos de duas ou três sílabas chamados *pés*, em que tipicamente uma das sílabas tem acento e a outra (ou as duas outras) são átonas. Os metros mais comuns do inglês são de caráter binário — ou seja, cada pé tem duas sílabas. E de todos os metros do idioma o mais comum é o *jâmbico*, aquele em que a primeira sílaba do pé é atona e a segunda é acentuada. Se agruparmos as sílabas do poema 185 em pés, temos o seguinte (usando o símbolo | para separar pés):

/ - | - / | - / | -
- / | - - | - /
- / | - \ | - / | -
- - | - / | - \

Ignorando as sílabas átonas ao final dos versos 1 e 3, temos um total de 12 pés. Desses 12, nove são jâmbicos: isto é, começam com o tempo fraco (sílaba átona) e terminam com o tempo forte (acento primário ou secundário). Há três pés que destoam desse padrão. O primeiro pé do verso 1 começa com o tempo forte; e o segundo pé do verso 2 e o primeiro do verso 4 são pés anômalos, sem nenhuma sílaba acentuada. Esses três pés que não são jâmbicos representam apenas um quarto do total, e são encarados não como falhas na versificação, mas como variantes utilizadas para quebrar a monotonia rítmica sem perturbar o esquema geral. Podemos dizer, pois, que o poema 185 é escrito em versos que contêm pés majoritariamente jâmbicos. Além disso, observamos que os quatro versos estão dispostos numa estrofe, uma *quadra*, em que os versos pares rimam entre si: tanto *see* quanto *emergency* terminam com a mesma vogal ditongada, o chamado "*i* longo", representado no Alfabeto Fonético Internacional como /ij/. (Note-se que a consoante anterior à vogal final é também a mesma nos dois versos, de modo que ambos terminam com a sílaba /sij/.) Ora, essa forma poética é codificada na língua inglesa: trata-se de uma das formas do *ballad meter*, "metro de balada", característico da poesia popular em língua inglesa, utilizado na poesia narrativa do norte da Inglaterra e da Escócia (que se assemelha um pouco à nossa poesia de cordel), nas canções infantis conhecidas como *nursery rhymes* (mais ou menos equivalentes às nossas cantigas de roda) e nos hinos protestantes, cantados pelos fiéis nos cultos religiosos.

Por fim, podemos observar também alguns efeitos consonantais, denominados *aliterações*. No primeiro verso, temos duas ocorrências da consoante /f/ e uma da consoante /v/, muito próxima de /f/; as três sílabas acentuadas do verso começam com uma dessas duas consoantes: "'*Faith' is a fine invention*". Há também um outro efeito consonantal, mais sutil: a ocorrência de encontros consonantais no terceiro verso: "*But* M*icr*oscopes *are* p*rudent*". Esse acúmulo de consoantes faz com que o terceiro verso — justamente aquele que é precedido pela adversativa *but* ("mas"), e que portanto introduz uma reviravolta na argumentação — seja de articulação mais lenta que os anteriores. Esses efeitos consonantais, ao contrário do esquema métrico e do esquema rímico, têm um caráter mais ornamental do que estrutural. Numa comparação com uma peça musical, diríamos que os esquemas de metro e rima equivalem ao compasso e ao comprimento das frases musicais, e as aliterações e encontros consonantais são como trinados ou apojaturas que ocorrem aqui e ali ao longo da peça. Claramente, os elementos estruturais são mais importantes que os ornamentais; numa tradução, a perda daqueles seria um problema mais sério que a perda destes.

Tentemos traduzir o poema. Uma primeira ideia seria simplesmente tomar a tradução literal e parti-la em linhas separadas, tal como o original:

A "Fé" é uma ótima invenção
Quando os Cavalheiros *enxergam* —
Mas os *Microscópios* são prudentes
Numa Emergência.

Mas essa solução é apenas uma imitação de poema. Como vimos, a tradução de um poema que ignore por completo os elementos formais não é apenas uma má tradução poética: não é nem sequer um poema. Os "versos" em questão não têm qualquer regularidade métrica e não há rimas. E mesmo no plano semântico a tradução peca por uma literalidade excessiva: "Microscopes *are prudent*" não quer dizer "os microscópios são prudentes", mas algo como "é prudente recorrer a microscópios". Uma tradução do poema 185 de Dickinson tem que não apenas "dizer o mesmo" que o poema original — ou seja, ter uma estrutura de significados próxima à do original — mas também tem que ser um poema em português, e um poema com características formais de algum modo correspondentes às do original.

Façamos uma primeira tentativa de tradução digna do nome, isto é, em que seja mantida a forma poética do original, ou algo semelhante a ela; posteriormente nos referiremos a esta tradução como versão A:

> Quando se pode enxergar,
> A "Fé" tem conveniência;
> Mas *Microscópios* convêm
> Em caso de Emergência.

Dessa vez, podemos dizer que temos, de fato, um poema. Para demonstrá-lo, vamos escandi-lo:

> / - - / - - /
> Quando se pode enxergar,
> - / \ - - -/ -
> A "Fé" tem conveniência;
> - - - / - - /
> Mas *Microscópios* convêm
> - / - - - / -
> Em caso de Emergência.

A contagem de sílabas poéticas leva em conta a maneira normal de se pronunciar uma frase; assim, não se trata de contar as sílabas de cada palavra e somá-las. Observe-se, por exemplo, que no primeiro verso da tradução acima fundimos, na contagem geral, a última sílaba de "pode" com a primeira de "enxergar", porque quando falamos não dizemos po-de-en-xer-gar, com cinco sílabas, mas po-den-xer-gar, com apenas quatro. Assim, contando as sílabas de cada verso segundo esse sistema, e ignorando as sílabas átonas finais, constatamos que os três primeiros versos têm sete sílabas e o último, seis. Essa irregularidade é um problema, já que o original é metricamente regular; mas tratando-se de uma tradução de Dickinson o problema revela-se menos sério do que pode parecer à primeira vista quando observamos que os poemas da autora com frequência contêm irregularidades semelhantes. Além disso, irregularidades desse tipo são comuns no verso de sete sílabas português, denominado *redondilha maior*, muito usado nas cantigas de roda, nas canções populares e na poesia de cordel — o que, aliás, pode ser um bom argumento em favor de sua adoção para traduzir o metro de balada de Dickinson. Na versão A, tal como no original, rimam apenas o segundo e o quarto verso. Assim, do ponto de vista da forma a tradução não é má.

Vejamos agora como se sai a versão A no plano do significado. De modo geral, ela diz o mesmo que o poema 185 de Dickinson, mas não *exatamente* o mesmo. Já sabemos, é claro, que nenhuma tradução reproduz o sentido do original de modo absolutamente perfeito; assim, o que é necessário verificar é se as modificações feitas são de tal modo drásticas que não seria válido dizer que o que temos é de fato uma tradução. No original, a "fé" aparece no primeiro verso e os "microscópios" no terceiro, de modo que há uma simetria: o primeiro verso apresenta a ideia da "fé" e a desenvolve no segundo; o terceiro introduz os "microscópios" e o quarto os comenta. Porém na minha versão o primeiro verso é na verdade a tradução do segundo, e o segundo é que traduz o primeiro, do que resulta uma estrutura menos simétrica. Essa mudança não é irrelevante, mas pode ser considerada aceitável, já que não afeta a substância da argumentação.

Problema bem mais sério é a substituição de "*is a fine invention*" por "tem conveniência": perdeu-se a ideia da fé como uma "boa invenção", que como vemos representa a quebra de uma expectativa do leitor. Observamos que o poema vira às avessas um lugar-comum: tendemos a achar que só recorremos à fé nas situações de emergência, ao contrário do que diz o poema. Do mesmo modo, costumamos classificar como "invenções" coisas como microscópios; mas para o poema a "boa invenção" é a fé (ou a "fé"). Essa perda semântica me parece grande demais para ser desculpada.

Outro problema é a expressão "tem conveniência", que, além de não captar o sentido do original — algo como "é uma boa invenção" — soa forçada. O normal seria dizer-se "é conveniente", e a forma utilizada claramente foi escolhida apenas com o fim de obter uma rima pobre com "emergência" (dizemos que essa rima é pobre porque ela se dá entre dois substantivos abstratos que terminam com o mesmo sufixo, -*ência*.)

Há também outra perda semântica no segundo verso. O original dizia, literalmente: "Quando os Cavalheiros podem *enxergar*". O uso da palavra *gentlemen*, ainda mais com inicial maiúscula, tem uma implicação claramente irônica: essas pessoas cuja fé (ou "fé") é uma boa "invenção" nas situações cotidianas são respeitáveis "cavalheiros" vitorianos, que vão à igreja todos os domingos acompanhados de suas "damas"; ao utilizar a partícula de indeterminação do sujeito "se", minha tradução torna-se menos irônica que o original. O toque de ironia não foi de todo perdido, graças às aspas de "fé"; mas de qualquer modo houve uma perda.

Vejamos agora o terceiro e o quarto verso. O sentido geral desses versos — "Mas é prudente recorrer a microscópios numa emergência" — está razoavelmente recuperado na tradução, tal como na anterior: foram preservadas a conjunção adversativa e as palavras-chave "microscópio" e "emergência", e a expressão "os microscópios convêm" tem um sentido próximo ao de *microscopes are prudent*". Porém, ao usar "convêm" no terceiro verso, repetimos um componente morfológico contido em "conveniência", palavra que aparece no segundo verso, um tipo de repetição que não existe no original: essa é também uma falha da tradução. Por fim, observe-se que perdemos também as aliterações em /f/ e /v/ do primeiro verso, e que no terceiro há apenas um encontro consonantal ("microscópios"). O empobrecimento dos efeitos de aliteração, que não parecem dar uma contribuição importante à estrutura geral, é claramente menos importante do que a perda de *invention*, o principal problema da versão A.

Façamos uma nova tentativa, a versão B:

A "Fé" é um ótimo invento
Quando se enxerga a contento;
Mas numa Emergência, não:
Tenha um *Microscópio* à mão.

- / \ / - - / -
A "Fé" é um ótimo invento
/ - - / - - / -
Quando se enxerga a contento;
- / - - / - /
Mas numa Emergência, não:
/ - - / - /
Tenha um *Microscópio* à mão.

Do ponto de vista da forma, temos aqui quatro versos heptassílabos, sem nenhuma irregularidade — ao contrário do ocorrido na versão A, em que o último verso tinha apenas seis sílabas. Por outro lado, no plano da rima utilizou-se um esquema diferente do empregado por Dickinson: aqui rimam os dois primeiros versos, em "-*ento*", e os dois últimos, em "-*ão*". As aliterações e encontros consonantais do original que não foram muito bem recriadas na versão anterior tampouco o foram nesta: há apenas uma aliteração discreta entre o /f/ de "fé" e o "v" de "invento" no primeiro verso, e o encontro consonantal de "microscópio" não no terceiro, mas no quarto verso. Assim, em comparação com a versão A, no plano da forma temos um ganho — toda a estrofe obedece a um esquema métrico uniforme, a redondilha maior, tal como o original — e uma perda — uma estrutura de rimas diferentes da utilizada no original.

Vejamos o que ocorre no plano do significado. No primeiro verso, B conserva o sentido do original muito mais do que a anterior: "um ótimo invento" capta bem o significado de "*a fine invention*". O segundo verso perde o toque irônico de "Cavalheiros", mas esse problema já havia na versão A. Assim, comparando as duas traduções dos primeiros versos da quadra do ponto de vista do significado, concluímos que B é superior a A, pois ela preserva a afirmação importante de que a fé é algo inventado.

Passemos para os dois versos finais de B. Aqui houve um afastamento um pouco maior do sentido do original do que em A: o material semântico do terceiro e quarto versos de Dickinson aparecem com as posições trocadas, e a estrutura declarativa do original — algo assim como "mas é prudente [recorrer a] microscópios numa emergência"

— foi substituída por um imperativo: "tenha um microscópio à mão". Mas uma análoga troca de posições de versos já havia ocorrido na versão A, só que entre o primeiro e o segundo, e não entre o terceiro e o quarto: ou seja, sob esse aspecto as duas versões se equivalem. Quanto ao sentido geral dos dois versos, não houve uma mudança drástica: o conselho de ter um microscópio à mão é uma paráfrase razoável de "é prudente ter microscópios". No cômputo geral, do ponto de vista do significado a única perda significativa foi a ideia de "*Gentlemen*", perda já ocorrida em A. Se em A havia uma permutação do material semântico do primeiro e segundo versos, em B o mesmo se dá com o terceiro e o quarto versos. No plano semântico, a superioridade da versão B é assegurada pela tradução mais fiel do primeiro verso; do ponto de vista da forma, porém, a versão A é mais próxima ao original, pois repete a estrutura de rimas do poema de Dickinson.

Qual a melhor tradução? A meu ver, o poema gira em torno de duas ideias paradoxais: (i) no dia a dia, as pessoas recorrem à "fé", mas numa situação de emergência há que recorrer à razão; (ii) dados a "fé" e o microscópio, o primeiro deles é que é um "invento". Como a versão A deixa de lado a ideia (ii), tendo a preferir a segunda. É bem verdade que o esquema de rimas de A, mas não o de B, é igual ao do original; mas B *também* contém um esquema de rimas regular, ainda que não o mesmo utilizado por Dickinson. E quanto aos efeitos com consoantes, que são mais ornamentais do que estruturais, nenhuma das duas versões consegue recuperá-los. Ou seja: a vantagem de A sobre B, no plano da forma, deve-se ao fato de que a estrutura rímica adotada em A é a mesma que a do original, enquanto B adota outra; mas não podemos dizer que haja propriamente uma perda em B, e sim uma *alteração*. Porém, a vantagem de B sobre A, no plano de sentido, é que B conserva uma ideia importante do original que A *omite* por completo; no que diz respeito às demais perdas semânticas, nenhuma tão grave quanto a perda da (ii), A e B se equivalem. Concluo, pois, que B é superior a A.

Observe-se que, no exemplo que examinamos, não parto do pressuposto de que o plano semântico é mais importante que o da forma. Meu pressuposto básico é o de que uma tradução que *altera* um elemento importante do original é melhor do que uma que *omite* um elemento importante. E aqui é o lugar adequado para repetir o que foi dito antes, a respeito das traduções do poema de Donne feitas por Vizioli e Campos: tão ruim quanto omitir algo importante, ou até pior, é fazer um acréscimo de material estranho; sob esse aspecto, tanto a versão A quanto a B podem ser avaliadas positivamente: nenhuma das duas faz nenhum acréscimo que modifique de modo significativo o sentido do original.

Toda tradução é obrigada a alterar o original, mas idealmente essas alterações deverão ser discretas, de modo a não descaracterizar aspectos importantes do poema; e as eventuais omissões e acréscimos também devem se dar sobre elementos que não sejam cruciais. Nem sempre isso é possível. Já vimos como nenhuma tradução portuguesa dos sonetos 135 e 136 de Shakespeare para o português poderá recuperar o jogo de palavras entre *will* — substantivo e verbo — e *Will*, forma reduzida de William, um jogo de palavras que é certamente crucial para o efeito dos poemas. Em casos assim, a perda é inevitável. O máximo que o tradutor pode fazer é utilizar uma estratégia de *compensação*: lançar mão de recursos que compensem a perda dos que ele não conseguiu traduzir. A compensação por vezes justifica um acréscimo: como foi impossível recriar um determinado efeito, o tradutor cria um outro, que não está no original, para compensar a perda. Nas suas traduções dos sonetos de Shakespeare, por exemplo, Jorge Wanderley substitui os trocadilhos com *Will* por um jogo de palavras com as diversas acepções de "bem": advérbio, substantivo com o sentido de oposto de "mal" e com o de "propriedade" etc. É claro que a referência à forma reduzida do primeiro nome de Shakespeare se perdeu; mas foi essa a melhor solução encontrada.

Do que foi dito até agora, alguns leitores poderão concluir que quando falo em elementos formais de um poema, refiro-me exclusivamente a características da poesia mais tradicional, em que há um padrão métrico definido, estrofes de tamanho igual e um esquema de rimas, e que o chamado verso livre seria desprovido de elementos formais, valendo-se apenas de efeitos de significado. De fato, desde o advento do verso livre, muita poesia tem se publicado que não passa de prosa com quebras aleatórias no final das linhas — um bom exemplo disso seria a minha primeira tentativa de "tradução" literal do poema de Dickinson. Mas, como disse o poeta anglo-americano T. S. Eliot, quando o poeta sabe o que está fazendo, o verso nunca é realmente livre. A diferença entre a poesia tradicional e o bom verso livre é que neste os ritmos são variáveis, os efeitos sonoros não são regulares nem padronizados; mas nem por isso eles deixam de existir. Assim, esta curtíssima exposição a respeito da tradução de poesia estaria incompleta se não tocasse, ainda que muito por alto, no chamado verso livre. Vejamos, pois, um exemplo, um poema do norte-americano Frank O'Hara (*The collected poems*, p. 11):

AUTOBIOGRAPHIA LITERARIA

When I was a child
I played by myself in a
corner of the schoolyard
all alone.

I hated dolls and I
hated games, animals were
not friendly and birds
flew away.

If anyone was looking
for me I hid behind a
tree and cried out "I am
an orphan."

And here I am, the
center of all beauty!
writing these poems!
Imagine!

Aqui, à primeira vista o único traço formal estritamente regular é o fato de que cada estrofe tem quatro versos; mas um exame mais detalhado mostra que há dois outros: (1) em cada estrofe, temos pausas que dividem o texto em quatro seções, só que as pausas nem sempre coincidem com o final do verso; e (2) em cada seção temos dois ou três acentos (menos a última, com um acento apenas). Marquemos esses traços formais no texto do poema, indicando a pausa com o símbolo ||, e os acentos, como antes, com /

147

(primário) e \ (secundário). Ao contrário do que fizemos ao analisar o poema de Dickinson, aqui não assinalaremos as sílabas átonas.

       /   / ||
When I was a child
    /   / ||
I played by myself in a
    /   / \ ||
corner of the schoolyard
/ / ||
all alone.

    /   / ||
I hated dolls and I
    /   / || /
hated games, animals were
  \ / || /
not friendly and birds
   /   / ||
flew away.

    /   /
If anyone was looking
     /|| /   /
for me I hid behind a
  / || \ / || /
tree and cried out "I am
   / ||
an orphan."

    /   / ||
And here I am, the
  /   / / ||
center of all beauty!
    /   / ||
writing these poems!
   / ||
Imagine!

Como o leitor pode observar, na primeira estrofe as pausas coincidem quase sempre com os finais de versos; apenas no segundo verso as duas sílabas átonas finais (*in a*) ficam "sobrando" após o acento em *-self*. Na segunda e na terceira estrofe, temos um descompasso total entre pausa e final de verso, com exceção do verso final de cada estrofe; mas na quarta e última estrofe, de novo as pausas e os finais de verso tendem a coincidir, sendo as coincidências entre elas acentuadas, em três dos quatro versos, por enfáticos pontos de exclamação.

Teríamos muito mais a dizer sobre os recursos formais deste pequeno e delicioso poema, mas aqui só quero chamar atenção para o fato de que "Autobiographia literaria" utiliza um efeito calculado que envolve não apenas os aspectos sonoros do poema como também sua natureza visual, de texto impresso num papel. A costumeira coincidência entre pausa — um traço sonoro — e final de verso — um elemento gráfico — que caracteriza a poesia tradicional é um fator de estabilidade no ritmo do poema. O que O'Hara faz aqui é utilizar a relação entre som e visualidade como uma fonte de tensão: o poema começa confirmando a expectativa do leitor, com coincidência entre o plano sonoro e o plano visual, o que lhe imprime um ritmo relativamente estável; em seguida, temos duas estrofes em que o descompasso entre o ritmo sonoro (pausa) e o visual (quebra de verso) geram uma sensação de instabilidade e precariedade; e na última estrofe, o *happy ending* do poema, a estabilidade métrica se restabelece.

Eis minha tradução do poema, já com marcas correspondentes às que fizemos no original:

AUTOBIOGRAPHIA LITERARIA

/　　　/ ||
Quando era menino
/　　　/ ||
eu brincava sozinho num
/　　　/　　　/ ||
canto do pátio da escola
/　　　/ ||
sem ninguém.

/　　　/ ||
Odiava bonecas e
/　　/　　|| /　　　/
odiava jogos, os bichos eram
/ ||　　/
hostis e os pássaros
/　　||
fugiam.

/　　　/
Se alguém procurava
/ ||　　　　/　　/
por mim eu me escondia atrás de uma
/　　||　　/　||/
árvore e gritava "Sou
/　　||
um órfão."

/　　　　/||
E olha eu aqui, o
/　　　/　　/ ||
centro de toda beleza!
/　　　/　||
escrevendo estes versos!
/ ||
Imagine!

Na minha tradução, tentei reproduzir as características formais que me pareceram mais importantes do original: a divisão de cada estrofe em quatro blocos sonoros que nem sempre coincidem com os versos gráficos; a relação entre pausa e fim de verso variando conforme a explicação; e a presença de dois ou três acentos fortes por bloco sonoro. De modo geral, esse resultado foi obtido, embora o terceiro bloco da terceira estrofe ("e gritava") tenha apenas um acento, enquanto no original o bloco/verso final do poema é o único que tem um acento apenas. Julguei relevante também manter o corte do verso em determinados lugares — por exemplo, na primeira estrofe, é importante que "sem ninguém" apareça isolado num único verso, para reforçar, através da forma gráfica, a ideia de isolamento.

Como se vê, mesmo o chamado "verso livre" tem propriedades formais que devem ser recriadas na tradução. Mas vale a pena lembrar mais uma vez que a diferença entre a tradução de poesia e a tradução de prosa literária é apenas uma questão quantitativa e não qualitativa. Vimos, no capítulo anterior, o quanto é importante atentar para as opções de forma de um ficcionista ao traduzi-lo para outro idioma. Só que, na poesia, os elementos da forma são de tal modo vitais que muitas vezes é mais neles que no plano do significado que reside a literariedade do texto. No poema, a contribuição de cada sílaba, cada vogal e consoante, cada vírgula, pode ser fundamental.

Esta breveríssima introdução aos problemas da tradução de poesia é uma boa maneira de encerrar nosso livro, pois é na poesia que todos os problemas da tradução literária aparecem de maneira mais evidente. Levantamos, ao longo de nossa trajetória, uma série de questões debatidas atualmente no mundo dos estudos de tradução — questões que, em sua maioria, existem desde que se começou a pensar sobre tradução, ainda na antiguidade clássica. É possível traduzir? É possível diferenciar original de tradução, escritor de tradutor? É possível ser fiel a um original? É possível avaliar uma tradução literária com um mínimo de objetividade? Todas essas perguntas, a meu ver, devem ser respondidas tendo-se em mente alguns princípios básicos, que mencionei na primeira parte deste livro, mas que gostaria de repetir aqui: (a) não temos acesso a certezas absolutas, nem em tradução nem em qualquer outro ramo do conhecimento, mas isso não quer dizer que não podemos afirmar coisa alguma com o mínimo grau de segurança; (b) precisamos criar categorias e estabelecer critérios para diferenciá-las, e sempre vamos encontrar casos de classificação difícil ou mesmo impossível; isso, porém, não é motivo para descartar uma classificação que se revele útil na maioria dos casos; (c) é possível adotar como meta um ideal inatingível, desde que não se perca de vista que a meta serve apenas para direcionar nossos esforços, e não pode ser vista como um objetivo realizável. Se assumirmos esses três pressupostos, poderemos responder todas as perguntas na afirmativa, e evitar cair nos dois extremos a que tantos são levados: ou a desacreditar na própria possibilidade da tradução ou a afirmar que o tradutor é um autor como outro qualquer. Tanto o desespero quanto a *hybris* — torno a reiterar — são luxos a que só se dão, de modo geral, os teóricos puros, cujo contato com a tradução consiste em estudar e produzir textos teóricos, ou os que só traduzem relativamente pouco. Aqueles que dedicam sua vida profissional à atividade de traduzir, que precisam encontrar a melhor solução num campo onde quase nunca as soluções ideais são atingíveis, que precisam cumprir prazos e ao mesmo tempo manter um bom nível de qualidade, não podem sucumbir ao desânimo nem à megalomania.

O mundo está cheio de leitores interessados em obras escritas em idiomas que eles desconhecem. Como tradutores, nossa tarefa é aproximar esses leitores tanto quanto possível dessas obras. As soluções que encontramos são sempre provisórias, relativas, incompletas, mas isso não nos incomoda tanto assim. Pois não somos apenas nós, tradutores, que somos obrigados a aceitar soluções imperfeitas: nenhuma atividade humana complexa chega à perfeição, ainda que a ela aspire e a tome como meta. Como escreveu Wallace Stevens, "a imperfeição é nosso paraíso". Bem, o que ele escreveu na verdade foi "*The imperfect is our paradise*"; a tradução é minha. Mas para os leitores de Stevens que não sabem ler inglês, o meu verso fica sendo dele.

Bibliografia

ANDRADE, Carlos Drummond de. *Alguma poesia: o livro em seu tempo*. Org. de Eucanaã Ferraz. São Paulo: Instituto Moreira Salles, 2010.

ARROJO, Rosemary. "A que são fiéis tradutores e críticos de tradução? Paulo Vizioli e Nelson Ascher discutem John Donne". In: *Tradução, desconstrução e psicanálise*. Rio de Janeiro: Imago, 1993.

_____. *Oficina de tradução: a teoria na prática*. 4ª ed. São Paulo: Ática, 1999.

BEATTIE, Ann. "The confidence decoy". *The New Yorker*, 27/11/2006, p. 134-50.

BRITTO, Paulo Henriques. "A difícil vida fácil do tradutor". *34 Letras*, nº 3, março de 1989, p. 111-115.

_____. "Tradução e criação". *Cadernos de Tradução* (UFSC) n IV, 1999, p. 239-62. Disponível em http://www.periodicos.ufsc.br/index.php/traducao/article/view/5534/4992

_____. "Fidelidade em tradução poética: o caso Donne". *Terceira Margem X (15), jul.-dez./ 2006, p. 239-254.*

CAMPOS, Haroldo de. "Transluciferação mefistofáustica": In: *Deus e o Diabo no Fausto de Goethe*. São Paulo: Perspectiva, 1981.

COHN, Sergio (org.). "Boris Schnaiderman, o tradutor de russo". In: *Boris Schnaiderman*. Coleção Encontros: a arte da entrevista. Rio de Janeiro: Azougue, 2010.

DICKENS, Charles. *The Pickwick papers*. Project Gutenberg. Disponível em http://www.gutenberg.org/dirs/5/8/580/580.txt.

DICKINSON, Emily. *The complete poems of Emily Dickinson*. Org. de Thomas H. Johnson. Boston: Little, Brown & Co., 1960.

GEERTZ, Clifford. *A interpretação das culturas*. Trad. de Fanny Wrobel. Rio de Janeiro: Zahar, 1978.

GODARD, Barbara. "Theorizing feminist discourse/translation". In: BASNETT, Susan e LEFEVERE, André (orgs.). *Translation, history and culture*. Londres: Frances Pinter, 1990.

JAKOBSON, Roman. *Linguística e comunicação*. Trad. de Izidoro Bikstein e José Paulo Paes. São Paulo: Cultrix, 1975.

JAMES, Henry. *The Princess Casamassima*. In: *Novels 1886-1890*. Nova York: Library of America, 1989.

LANDERS, Clifford E. *Literary translation: a practical guide*. Clevedon (Inglaterra): Multilingual Matters, 2001.

LEFEVERE, André. *Translating poetry: seven strategies and a blueprint.* Assen (Países Baixos): Van Gorcum, 1975.

LEVÝ, Jiří. *The art of translation.* Trad. de Patrick Corness. Amsterdã/ Filadélfia: John Benjamins, 2011.

MARTINS, Helena e FROTA, Maria Paula. "Inquietações céticas e éticas em práticas de reescrita". *Tradução em Revista* nº 4, 2007. Disponível em http://www.maxwell.lambda.ele.puc-rio.br/trad_em_revista.php?strSecao=input0

MESCHONNIC, Henri. *Pour la poétique II.* Paris: Gallimard, 1973.

_____. *Poétique du traduire.* Paris: Verdier, 1999.

MORAES, Marcos Antonio de (org.). *Correspondência Mário de Andrade & Manuel Bandeira.* São Paulo: Edusp, 2000.

O'HARA, Frank. *The collected poems of Frank O'Hara.* Org. de Donald Allen. Berkeley: University of California Press, 1995.

PRICE, Richard. *Lush life.* Nova York: Farrar, Straus and Giroux, 2008.

_____. *Vida vadia.* Trad. de Paulo H. Britto. São Paulo: Companhia das Letras, 2009.

RABASSA, Gregory. *If this be treason: translation and its dyscontents: a memoir.* Nova York: New Directions, 2005.

SCHLEIERMACHER, Friedrich. "Sobre os diferentes métodos de tradução". Trad. de Margarete von Mühlen Poll. In: HEIDERMANN, Werner (org.). *Clássicos da teoria da tradução.* Vol. 1: alemão-português. Florianópolis: UFSC, Núcleo de tradução, 2001.

SNELL-HORNBY, Mary. *The turns of translation studies: new paradigms or shifting viewpoints?* Amsterdã/Filadélfia: John Benjamins, 2006.

STEINER, George. *After Babel: aspects of language and translation.* Londres: Oxford University Press, 1975.

STORM, Theodor. *A assombrosa história do homem do cavalo branco / O centauro bronco.* Trad. de Mauricio Mendonça Cardozo. Curitiba: Editora UFPR, 2006.

UPDIKE, John. *Villages.* Nova York: Knopf, 2004.

_____. *Cidadezinhas.* Trad. de Paulo H. Britto. São Paulo: Companhia das Letras, 2008.

VENUTI, Lawrence. "A invisibilidade do tradutor". Trad. de Carolina Alfaro. In: *Palavra.* Revista do Departamento de Letras da PUC-Rio, 1996, p. 111-34.

VIANA, Antonio Carlos. *Aberto está o inferno.* São Paulo: Companhia das Letras, 2004.

WITTGENSTEIN, Ludwig. *Investigações filosóficas.* Trad. de J. C. Bruni. S. Paulo: Abril Cultural, 1975.

Dicionários:

Dicionário eletrônico Houaiss da língua portuguesa. Versão 1.0. Rio de Janeiro: Objetiva, 2001.

Webster's third new international dictionary of the English language. Chicago: Merriam/Encyclopædia Britannica, 1976.

Este livro foi composto na tipografia
Swift Lt Std Regular, em corpo 10/15, e impresso em
papel off-white no Sistema Digital Instant Duplex
da Divisão Gráfica da Distribuidora Record.